Confiança
o diferencial do líder

LEILA NAVARRO E JOSÉ MARÍA GASALLA

LEILA NAVARRO E JOSÉ MARÍA GASALLA

Confiança
o diferencial do líder

A formidável e intrigante
história de um desafio
de gestão

Publisher
Maurício Machado

Supervisora editorial
Luciana M. Tiba

Coordenação editorial e preparação de originais
Fernanda Marão

Revisão de provas
Marisa Rosa Teixeira
Sandra Brazil

Projeto gráfico, capa e diagramação
Crayon Editorial (Alberto Mateus, Jessica Siqueira e Lais Soriano)

Fotos de capa
Mike Kemp – Coleção Rubberball Productions – Getty Images
Glow Images/Latinstock

Foto de 4ª capa
Caio Mello

Dados Internacionais de Catalogação na Publicação (CIP)
(Câmara Brasileira do Livro, SP, Brasil)

Navarro, Leila
Confiança, o diferencial do líder : a formidável e intrigante história de um desafio de gestão / Leila Navarro e José María Gasalla. – São Paulo : Integrare Editora, 2010.

Bibliografia.
ISBN 978-85-99362-54-9

1. Administração 2. Liderança 3. Mudança organizacional I. Gasalla, José María. II. Título.

10-06910 CDD-658.4092

Índices para catálogo sistemático:

1. Executivos : Capacidade de liderança : Administração executiva 658.4092

Rua Tabapuã, 1123, 7º andar, conj. 71/74
CEP 04533-014 - São Paulo - SP - Brasil
Tel.: (55) (11) 3562-8590
Visite nosso site: www.integrareeditora.com.br

Mensagem do GRAACC

Quem lidera confia. Quem confia cura.

Confiar é acreditar. Nós, do Grupo de Apoio ao Adolescente e à Criança com Câncer (GRAACC), temos essa mania. Acreditamos no direito à cura, na solidariedade, no respeito, no trabalho em equipe, nas parcerias, na ética, na competência, no voluntariado, na igualdade... Enfim, acreditamos na vida!

Confiar faz parte do nosso DNA e da nossa história, que teve seu início com a crença de poder garantir a estas crianças e jovens com câncer todas as chances de cura com qualidade de vida, empregando o mais avançado padrão científico.

A cada dia, comprovamos o valor da confiança, base de todos os nossos relacionamentos, sejam com a comunidade, parceiros, instituições públicas e privadas, universidade ou nossos pacientes e seus familiares.

Ao longo da nossa trajetória, aprendemos muitas lições. Entre elas, a importância de gerir uma instituição sem fins lucrativos como uma empresa, com planejamento, metas, resultados e uma equipe qualificada e comprometida. Além disso, com um sistema de gestão compartilhado, baseado na confiança e na humildade. Somam-se a tudo isso amor, valores e princípios.

Esse modelo fundamentado na parceria universidade-empresa-comunidade tem possibilitado ao GRAACC vencer muitos desafios. Hoje realizamos cerca de 2.500 atendimentos por mês e somos referência no tratamento do câncer pediátrico.

Mas a nossa luta está apenas no início. Infelizmente, em nosso país ainda há muitos jovens e adolescentes à espera de uma chance de cura. Por isso, agradeço imensamente aos autores e à Integrare Editora a iniciativa de doar parte da renda deste livro ao GRAACC. Também quero convidá-lo, leitor, a conhecer nosso trabalho. Acesse nosso site www.graacc.org.br e faça parte de nossa equipe de parceiros e voluntários.

Lidere, confie e, acima de tudo, acredite na vida!

Sergio Amoroso
Presidente do GRAACC

Sumário

CAPÍTULO 5

CAPÍTULO 6

CAPÍTULO 7

CAPÍTULO 8

As lições de um livro diferente

Recentemente, chegou-me às mãos o manuscrito de um livro escrito a quatro mãos pelo professor espanhol José María Gasalla e pela palestrante e *coach* brasileira Leila Navarro. A obra latina binacional tinha um subtítulo sugestivo: "a formidável e intrigante história de um desafio de gestão". Pensando de forma exigente, como veterano acadêmico, cogitei de que estivessem sendo menos modestos do que o recomendável. Também imaginei que a frase de efeito pudesse ter um viés mais publicitário, que poderia exagerar eventuais virtudes do trabalho.

Quero dizer que jamais duvidei da competência da dupla. Mas confesso que os lançamentos literários sobre o assunto têm sido repetitivos, na forma e no conteúdo, justapondo ideias prontas e clichês, em narrativas não raro entediantes. Assim, comecei a virar as páginas de maneira, digamos, defensiva, decidido a exercitar cruelmente todo meu senso crítico.

Passaram-se vinte minutos, e vi todas minhas armas largadas deixadas no chão da sala. Num canto, identifiquei a foice do crivo epistemológico; noutro, o rigor metodológico... De guerreiro, passei a viajante. Logo me vi explorando os cenários e as situações da movimentada história, interessado em compreender a teia de intersecções entre o romance e o exercício pedagógico voltado para os desafios da gestão.

Durante décadas, dediquei-me ao estudo das empresas familiares na Espanha. São corporações fascinantes, que refletem muito de nossa cultura, tanto de nossas qualidades quanto de nossos vícios seculares. Nessas análises criteriosas, percebi que muitas vezes a emoção prosperava acima da razão, e que a disciplina e o planejamento cediam ao impulso do improviso. Essas características geram, ainda hoje, empresas inovadoras, com gente dedicada, mas que necessitam líderes mais equilibrados e educados, capazes de desenvolver habilidades técnicas e refinar talentos no campo dos relacionamentos humanos.

As empresas desse tipo são diferentes das outras. São organizações dentro de organizações e estão sustentadas também por laços afetivos, por vezes mais importantes que a busca do lucro. Uma família já tem suas próprias tradições, regras, tabus e códigos de conduta. Quando esse grupo se articula numa empresa, há um processo de ampliação de atributos, sejam eles positivos ou negativos. Uma família que valoriza o trabalho tende a criar uma cultura de proatividade e de compromisso com a produção. Uma família que cultiva preconceitos de classe, de credo ou de raça, por sua vez, tende a projetar esses equívocos nas relações com colaboradores, fornecedores e clientes. Isso quer dizer que a empresa amplia os debates travados no âmbito familiar.

Na mão contrária, também é verdade que os problemas das empresas tendem a produzir turbulências no meio familiar. São irmãos e primos, por exemplo, que se esquecem da amizade e se dispõem a travar renhidas batalhas pelo controle das corporações. Nesses casos, temos aquelas festas de Natal constrangedoras, em que os olhares não se cruzam. Por vezes, a encrenca tem origem em opiniões divergentes sobre o propósito do negócio, sobre o posicionamento no mercado ou sobre a gestão dos recursos humanos. Noutras ocasiões, o motivo é puro ciúme ou vaidade.

Empresas familiares podem ser fortes, vibrantes, dinâmicas e inventivas, quando adaptam virtudes do clã para as atividades produtivas. Mas podem ser também frágeis, confusas, amarradas e desatualizadas, quando expandem para a dimensão dos negócios um padrão de desarmonia e disputa nas relações entre os parentes.

Ao ler o livro de Gasalla e Leila, encontrei uma série de ricos detalhamentos dessas situações, colocadas de maneira dramática num processo de sucessão no topo da pirâmide hierárquica. Nesses momentos de troca de comando, expõem-se, de fato, todas as vulnerabilidades da empresa. São episódios de tensão que escancaram contradições, revelam erros estratégicos e radicalizam conflitos.

As aventuras pessoais e corporativas de Genaro e Alfredo apresentam de maneira límpida e fiel as situações de impasse que marcam o histórico das empresas familiares. Vale notar que o livro mostra claramente a influência da família nuclear na construção do *éthos* corporativo. Simultaneamente exibe a complexidade da alma de qualquer empreendimento: mais do que suas cartilhas internas, documentos de identidade e regras de conduta, as empresas são resultado das práticas cotidianas de seus líderes. Uma empresa ética, responsável e sustentável terá no comando pessoas que prezam esses valores.

No mundo globalizado e digitalizado, há quem acredite que as relações humanas são interesse secundário no processo de formação de líderes. Trata-se de um grave equívoco. A tecnologia apenas amplia as faculdades do homem e expande o alcance de suas decisões. Portanto, nunca foi tão necessário quanto agora pensar o "ser" de forma integral, com todas as suas vulnerabilidades e potencialidades. E eu diria que essa reflexão deve se estender também às famílias, sejam elas de humildes trabalhadores, sejam de poderosos empresários que controlam a economia e os processos de desenvolvimento, tanto no Velho Mundo quanto nos países emergentes.

Ao acompanhar as aventuras da família Vásquez, encontrei um retrato fiel do cenário de desafios hoje enfrentados pelas corporações familiares. Ao mesmo tempo, confesso que me deliciei com os comentários no final de cada capítulo, em que a narração dos fatos serve de matéria-prima contextualizada para as análises mais técnicas, sempre objetivas e profundas, da dupla Leila-Gasalla. Os autores tricotaram suas ideias sobre o tema da confiança, um dos pilares da gestão contemporânea, elemento vital à construção de modelos de compromisso, caracterizados pela harmonia. Ao concluir a leitura, três dias depois, tinha meu próprio espírito tomado de mais confiança, e passei a ter convicção de que essa revolução na cultura das empresas é fundamental à construção de um mundo melhor.

Fernando Casado

Diretor da Associação de Empresas Familiares (Espanha)

Introdução

NUMA TARDE TÉPIDA NO INÍCIO DO VERÃO, Nelson Zelaya abriu a embalagem *pink* e despejou no prato de plástico as estrelinhas de frango e as bolinhas de leite de Sayuri, a gata mais ou menos siamesa que ganhara quatro meses antes. Não podia entender como a companheira doméstica encontrava satisfação naqueles biscoitos secos. Observou a ceia felina por um instante e saiu apressado, carregando a maleta com o *notebook*, duas cadernetas, um gravador, lápis, caneta e borracha.

Foi ter com Leila e Gasalla, uma dupla de velhos amigos. Em pouco tempo, Leila, a loura sorridente, tornara-se uma das conferencistas mais requisitadas do país. Era também uma *personal coach* de sucesso no mundo empresarial, cheia de vigor, alto-astral, capaz de motivar sem recorrer aos velhos chavões dos livros de autoajuda.

Já Gasalla, o espanhol grisalho, prosseguia com sua carreira acadêmica, desenvolvendo estudos sobre as relações humanas na gestão corporativa.

Nelson sabia que lhe encomendariam um serviço, mas não tinha ideia do tema a ser pesquisado. Ao parar diante do primeiro semáforo, pensou: "Bom, costumo escrever sobre assuntos corporativos e histórias..." No cruzamento seguinte, completou o raciocínio: "... Então, talvez queiram que eu conte a história de alguma empresa".

Cerca de meia hora depois, Nelson punha os pés na ampla sala do apartamento de Leila, num bairro nobre da cidade.

– Oiiii, sumido! É um prazer te ver de novo! – comemorou Leila, saudando-o com um largo abraço.

– O prazer é meu. Nossa, não nos vemos há mais de seis meses...

– Vamos para o nosso *front* de trabalho. O Gasalla já está lá, rabiscando umas ideias.

Sobre a ampla mesa de vidro do escritório, repousavam dois *notebooks*, gravadores digitais, volumosos livros, blocos de anotações e organogramas.

– Fala, dr. Gasalla! Quanto tempo, hein? Vejo que está a todo vapor.

– Grande Nelson! É muito bom revê-lo! Isto aqui é só o começo. Como você sabe, minha teoria é dinâmica. Ela vai se aprimorando. Se eu mudo, se o mundo se transforma, ela não pode permanecer engessada – explicou o professor.

– Mas e aí, gente, o que vocês têm para mim? – indagou Nelson, empolgado, mas inquieto.

– Senta ali na poltrona e começa a anotar, meu querido – respondeu Leila. – Sei que você vai curtir este *job*.

– O negócio é o seguinte – disse Gasalla, concentrado, olhando para o horizonte que se estendia da grande janela do escritório. – Queremos levar às últimas consequências o desafio de submeter a teoria à realidade.

– Como assim? – perguntou Nelson.

– Bem, minhas teorias estão redondinhas – explicou Gasalla. – Mas é preciso confrontá-las mais uma vez com os fatos, com aquilo que é concreto. Verificar novamente. Ver se, na prática, as coisas realmente funcionam do jeito que imaginamos.

– Ora, mas vocês fazem isso o tempo todo – protestou Nelson, incrédulo. – Sei que nunca tiram ideias maravilhosas da cartola.

– De fato, meu amigo, nossas teses são resultado de observação criteriosa e de muita pesquisa de campo – interveio Leila.

– Então...

– Mas tudo o que é novo precisa ser submetido exaustivamente a esse crivo da realidade – argumentou Gasalla. – Precisamos verificar se é isso mesmo que ocorre no universo das coisas tangíveis.

– Sim, entendo. É o que diferencia a pesquisa séria do achismo dos falsos gurus – comentou Nelson.

– Queremos desenvolver um trabalho comentado a partir de uma história real – anunciou Gasalla. – Queremos que você narre nos mínimos detalhes a trajetória de uma empresa familiar. Este será o primeiro case-referência de nossa escola de negócios.

– Uma escola de negócios? – perguntou Nelson.

– Sim – respondeu Gasalla. – Ela não terá uma sede física. Será um trabalho itinerante de formação e atualização que desenvolveremos com executivos, empresas, associações de classe, entidades representativas setoriais e grupos de fomento ao empreendedorismo.

– Mas será que eu consigo atender às expectativas? – questionou Nelson, erguendo as sobrancelhas. – Talvez eu produza um romance e deixe de lado fatos importantes para a análise de vocês.

– Nós conhecemos o seu estilo. E foi por isso que o elegemos parceiro neste projeto. Achamos que você vai mesmo escrever sobre paixões, medos, alegrias... Vai contar as intrigas e, no meio disso tudo, certamente lançará luzes sobre os mistérios da gestão nessa empresa – disse Leila.

– E vocês já a escolheram? – perguntou Nelson.

– Já – adiantou-se Gasalla. – Conhece a Órion, não?

– Lógico. E também a Oficina da Alegria, a lendária fabriqueta que originou o grupo. Um tio-avô meu trabalhou lá há uns cinquenta anos.

– Então, que tal descobrir tudo sobre esse pessoal? – provocou Leila.

– Já falamos com o Alfredo, presidente da empresa – revelou Gasalla. – Ele vai te receber amanhã, às 9h30. Ele tem o máximo interesse em resgatar a história da empresa e certamente vai tirar proveito do nosso trabalho.

– Mas quem está me contratando? – perguntou Nelson.

– Somos nós – respondeu Leila. – Mas imagine que firmamos uma parceria informal com a Órion.

– Entendo. Este estudo também vai servir como guia de reformulação para a empresa... – arriscou o escritor.

– É provável – admitiu Gasalla. – Eles estão dentro do grande ciclone. É preciso que alguém de fora lhes ofereça uma visão neutra do processo.

A reunião foi produtiva e terminou meia hora depois, quando Nelson partiu para o consultório do dr. Seki, seu dentista. Não revelou aos amigos, mas tremia de medo. E se precisasse obturar aquele molar?

Na manhã seguinte, Nelson acordou com gosto de anestesia na boca. Resmungou do sabor intrometido enquanto tomava um suco de acerola. E, assim, de mau humor, seguiu para seu compromisso. No horário marcado, foi recebido na Órion. Gentil, a secretária o acompanhou até a sala do tal executivo, tão ampla quanto gelada.

Com seu jeito meio desconfiado, o escritor acomodou-se numa cadeira Luís XV que julgou autêntica. Esperou impaciente, perscrutando o dente reparado com a língua. "Seres humanos não deveriam ter dentes, mas placas afiadas de titânio", pensou, num silencioso protesto.

Logo, de uma porta lateral, apareceu seu interlocutor, que emitia ordens por um celular. Ao cessar a conversa telefônica, o executivo bem-vestido, mas já em certo desalinho, cumprimentou-o de forma cortês e econômica:

- Bom dia! Prazer em conhecê-lo.

- Bom dia! - retribuiu Nelson, um pouco tímido, sem saber como continuar a conversa. - É autêntica?

- O quê?

- A cadeira?

- É sim, sr. Zelaya. Meu pai a comprou em Versalhes, há anos, depois que fechamos um contrato de parceria com uns franceses do setor de eletrificação. Mandamos restaurar em Bordeaux. Tudo aqui tem um sentido simbólico muito específico. Até mesmo os móveis. O problema é que precisamos recuperar essa história. Ela ficou tão complexa que já não nos conhecemos...

- Compreendo. Mas é por isso mesmo que estou aqui. Confesso que sempre quis conhecer melhor a empresa, descobrir o que é verdade e o que é lenda... - disse Nelson, mirando na parede lateral os antigos retratos da primeira unidade de produção.

- Então, o senhor já conhece um pouco da nossa saga. Ótimo! Como sabe, são oito décadas de trabalho, de altos e baixos, de alguns fracassos e de muitos triunfos. Creio que precisamos de um bom registro dessa história.

- E terei acesso a todas as informações?

- Não tenha dúvida. Mas o seu trabalho pode revelar alguns cadáveres em nossos armários - assentiu o executivo, sorrindo... - E a análise competente do Gasalla e da Leila vai nos ajudar a acertar o rumo da embarcação.

– Pois é, tomei conhecimento das dificuldades recentes... Os jornais publicaram manchetes...

– Como sempre, a imprensa fantasiou muita coisa, sr. Zelaya. E deixou de informar o mais importante. É por isso que desejo a sua ajuda...

– Será um imenso prazer. Estou curioso.

– Então façamos duas reuniões por semana. Às segundas e às sextas-feiras, depois das 18 horas. Combinado? O senhor também poderá conversar livremente com nossos colaboradores. Minha secretária agendará esses encontros.

Após deixar a sede da empresa, Nelson telefonou aos amigos para dar as boas-novas.

– Nelson? – atendeu Leila. – E aí, como foi a reunião?

– Deu tudo certo aqui na empresa. Tudo pronto para tocar o projeto...

– Uau! Quer dizer que vamos finalmente saber de tudo?

– Quem sabe, não é?

– Passe aqui amanhã à noite, lá pelas 8h30, para planejarmos nossos próximos passos.

– Ok.

– E a gatinha? Deixou você dormir ontem à noite? – perguntou Leila, com seu característico bom humor.

– Ela não fez muita bagunça de madrugada. Estou me acostumando. A convivência a dois é um desafio complexo. Talvez sirva de experiência educativa. Aí, quem sabe, eu me sinta pronto para me casar...

– Pois é, uma gata pode ser uma boa professora. Relações com felinos só prosperam se houver muita sensibilidade e confiança...

– Você tem razão, moça... – respondeu Nelson, pensativo. – Bom, amanhã estarei aí. Até!

– Até amanhã! Dê um beijo na sua "gata" – despediu-se Leila, com uma risada gostosa.

No dia seguinte, a reunião foi rápida e agradável. Entre xícaras de chá de tília e expressos, definiram uma metodologia de trabalho. A Nelson caberia descobrir tudo o que pudesse sobre a família Martín Vásquez, dentro e fora da empresa.

Enquanto discutiam alguns detalhes, mentalmente o escritor traçou um perfil detalhado de seus amigos, agora convertidos em clientes.

Considerava Leila um exemplo perfeito da mulher intuitiva, especializada no comportamento humano. Já participara de algumas de suas sessões interativas de educação corporativa. As pessoas aprendiam sem perceber que estavam aprendendo.

Tinha Gasalla como um acadêmico valoroso, apaixonado pelos estudos comparativos na área da gestão. Pelo que sabia, era um homem observador, ponderado e perfeccionista, dado a seleções, mensurações e análises.

Ambos se dedicavam com afinco ao estudo da Gestão por Confiança. Gasalla iniciara essa aventura de conhecimento ao desenvolver uma linha de investigação para seu doutorado em Psicologia Social. Depois, em parceria com Leila, foi ver como as coisas funcionavam na prática, comparando as realidades do Brasil e da Espanha.

– Creio que a história vai ser muito útil ao estudo que vocês estão desenvolvendo – sentenciou Nelson, saboreando um café expresso.

– Sem dúvida. Vamos poder retrilhar os passos dos fundadores e dos herdeiros e ver como a empresa reagiu a cada estilo de gestão. Realmente, é fascinante. É como se um biólogo encontrasse um mamute congelado, em perfeito estado – festejou Gasalla.

Duas semanas depois, Nelson convidou os amigos para o visitarem em casa. Ele os recebeu com a gata Sayuri no colo. O *blazer* preto cheio de pelos denunciava as dificuldades da convivência.

– É ciumenta. Basta eu chegar em casa que ela desata a miar, como se reclamando da minha ausência. Sento diante do computador e ela pula sobre mim, querendo colo e atenção – lamentou-se.

– Pois é, Nelson, ela é novinha – teorizou Leila. – Às vezes, deve achar que você nunca mais vai voltar. Fica sozinha, entediada, e depois busca compensação...

– De fato, ela anda fazendo pirraças quando me demoro, derrubando livros da estante e até tirando o telefone do gancho...

– Comece a conversar mais com ela – sugeriu a conferencista. – Ela precisa saber quais são os limites do dono, mas ao mesmo tempo deve ter certeza de que é respeitada e querida...

– Booooaaa... Amanhã, terei um debate sério com ela – riu o escritor. – Mas, gente, eu já tenho o primeiro capítulo escrito. E se eu fizesse uma leitura em voz alta? Chato?

– Não, não – disse Gasalla. – Estamos curiosos. Por favor!

E, assim, Nelson leu o que se segue...

CAPÍTULO 1

Tinha uma pedra no meio do caminho...

NAQUELA MANHÃ FRIA E NUBLADA DE PRIMAVERA, GENARO MARTÍN VÁSQUEZ DESPERTOU DE CARA AMASSADA, DISTANTE DE SEU TRAVESSEIRO MACIO, RECHEADO DE PLUMAS DE GANSO. ESPICHOU-SE PELA VASTIDÃO DA CAMA ATÉ O CRIADO-MUDO. FORÇANDO OS OLHOS, DESCOBRIU ASSUSTADO O HORÁRIO: 10H14. PERDERA A REUNIÃO DAS 9 HORAS. "O QUE FAZER?", RESMUNGOU. SE NÃO SE APRESSASSE, PERDERIA TAMBÉM O ALMOÇO COM OS CHILENOS...

Enrolado no lençol, capengou até o banheiro amplo, cheio de espelhos que o multiplicavam ao infinito. Debruçado sobre a pia de mármore, examinou-se. As entradas no cabelo lhe pareceram mais uma vez indecentes. "Ahhh, 12 mil por esse implante que não dura", protestou, em voz baixa. Depois, examinou a tez. Encontrou um pé de galinha novo. Bufou, irritado. A testa também lhe pareceu mais franzida. "Tanto investimento em *lifting*, *botox*, pílula de colágeno, e nada funciona de acordo, nada", lamentou em voz alta, enquanto lia pela décima vez as indicações do creme à base de ácido retinoico.

Ao rumar para a ducha, tropeçou no banquinho de veludo vermelho, estorvo do qual havia anos planejava se livrar. De súbito, veio-lhe à mente um trecho do poema de Carlos Drummond de Andrade:

No meio do caminho tinha uma pedra
tinha uma pedra no meio do caminho
tinha uma pedra
no meio do caminho tinha uma pedra.

Angustiou-se. Tratava-se de um fragmento invasivo de memória. Não queria pensar naquilo. E, se não queria, agora é que o versinho martelaria em sua cabeça por todo o dia. Nos primeiros minutos do dia, vira e mexe, pedaços de canções ou de versos o tomavam de assalto. Ocupavam-lhe o território mental e lá permaneciam até a noite.

Lembrou-se de que fora assim, no mês anterior, com uma canção ouvida, por acaso, durante a viagem de negócios a Tóquio. À noite, no hotel, os fonemas embaralhados do inextricável idioma japonês bombardeavam-lhe o pensamento, afugentando o sono. Desesperado, desceu à recepção e começou a cantarolar para um atendente... "Na na ni na nni na no... And so, do you recognize this song?", perguntou ao rapaz, que não soube lhe dar a resposta. Prestativo, o moço buscou a ajuda de outros funcionários. Depois de quinze minutos, uma jovenzinha, gerente de limpeza, matou a charada: "Ayumi Hamasaki gai dai sukidesu".

O atendente, muito prestativo, traduziu: "Ela diz que adora Ayumi Hamasaki". Segundo a moça, a canção se chamava *Trust* e tinha feito sucesso no final dos anos 1990. Genaro subiu para o quarto, acessou a internet pelo *notebook* e descobriu que a informação era correta: *Trust*, canção de 1998. Encontrou até uma tradução da letra.

Começava com "Espero alcançar meu eu ideal algum dia..." Finalmente, conseguiu dormir, mas passou dias trauteando o *hit* japonês.

Agora, sob a ducha de água fria, o poema drummondiano parecia enlear-se na melodia nipônica. Genaro tentou livrar-se do pensamento obsessivo e passou a cantar alto "A hard's day's night", dos Beatles. Toda vez que procurava aliviar a cabeça, aliás, recorria a essa canção, nem sempre com resultados satisfatórios. Mas eram já 44 anos de fixação, desde o lançamento do álbum do mesmo nome, em 1964.

Sossegou um pouco. Agora, banhado, sentiu-se revigorado. Vestiu-se rapidamente e desceu para a sala de jantar. Quieta como sempre, Maria Luíza, a empregada, serviu o desjejum. Suco de laranja com acerola, Sucrilhos com leite, pão com manteiga na chapa e biscoitos bem açucarados. Enquanto comia, passou a folhear os jornais. E logo se espantou com a quantidade de notícias ruins. Havia alarme, medo – mais que medo, pavor.

Essa vinha sendo a tônica do noticiário desde 16 de setembro, dia seguinte à quebra do banco Lehman Brothers. As linhas de crédito se pulverizavam, as bolsas despencavam, o sistema todo parecia ter engripado. Genaro esmurrou a mesa e amarfanhou o jornal.

– Filhos de uma... Não trabalham, só especulam e querem ferrar com a gente. Cambada de... – berrou, assustando Maria Luíza, que deixou cair uma jarra de água. Para não ver vidro quebrado, uma das coisas que o assustavam, Genaro interrompeu a refeição e saiu da sala, fazendo bater a porta atrás de si.

Agora, voltava a ribombar na cabeça a frase do poeta: "uma pedra no meio do caminho, uma pedra no meio do caminho". Obrigou Rodriguez, seu motorista havia 25 anos, a cometer algumas infrações de trânsito para chegar mais rapidamente à empresa. Fê-lo avançar um sinal vermelho, efetuar uma conversão proibida e ultrapassar outro veículo pelo flanco direito da pista. Irritado com o engarrafamento, desceu do carro e foi a pé até a moderna sede da Órion, um prédio de cinco andares em estilo neoclássico, na zona sul da cidade. Poucos minutos depois, já em sua sala, fazia emergir o *tsunami* do trabalho. Convocava diretores, disparava telefonemas e atulhava de tarefas a estoica Júlia, sua secretária pessoal.

Genaro não sabia, ou fingia não saber, mas seu apelido na empresa era "bicho-papão". Competente e sagaz, tinha um estilo autocrático de gestão. Exigia velocidade, dedicação e acerto. Por vezes generoso e paternal, por vezes cruel e injusto, inspirava igualmente admiração e pavor. Podia autorizar polpudo bônus para premiar a façanha intraempreendedora de um gerente, mas era também capaz de demiti-lo no mês seguinte por conta de uma meta não cumprida.

Depois de uma hora intensa de trabalho, fixou os olhos na telinha do computador para checar os números das bolsas asiáticas. Em seguida, investigou as tendências dos pregões no Ocidente. Por fim, leu os pareceres de dois ou três analistas econômicos renomados. Impressionou-se. Um tremor em fio, feito uma descarga elétrica, lhe subiu até a garganta.

No meio do caminho tinha uma pedra
tinha uma pedra no meio do caminho
tinha uma pedra
no meio do caminho tinha uma pedra.

Sem usar o interfone, gritou para Júlia:

– Júlia, tem notícias do Alfredo? Ele não viria para cá hoje? Onde anda?

A secretária abriu a porta e aproximou-se com seu indefectível caderninho de notas.

– O sr. Alfredo telefonou às 8h32 e avisou que hoje tem uma reunião importante com o instrutor da equipe que vai escalar o Everest. Isso pela manhã. À tarde, ele vai cuidar da papelada para a importação dos equipamentos de socorro médico que...

– Chega, já entendi. Ele não vai dar as caras aqui de novo – interrompeu Genaro, fazendo um sinal de mão para que Júlia se afastasse.

No restaurante, uma hora depois, Genaro mal tocou na comida. O negócio com os chilenos lhe parecia vital. Foi gentil a seu modo, hábil com as palavras, sem perder a objetividade. Seus interlocutores eram meticulosos, criteriosos e cautelosos. Depois de muito debate, ouviu de Germán, um dos estrangeiros:

– Tudo nos parece de acordo, mas há uma crise de crédito. Acredito que teremos de suspender as negociações. Seguramente, voltaremos a procurá-lo no próximo ano, depois que passar a tempestade. Agradecemos muito sua presteza e atenção.

Genaro engasgou-se com uma azeitona. Depois, cuspiu-a no guardanapo que tinha sobre as pernas. Riu, com ar levemente contrariado, mas esforçou-se por retribuir as cortesias.

No caminho de volta para o escritório, permaneceu quieto. À mente, vinham-lhe novamente as palavras do poeta: "no meio do caminho tinha uma pedra". Pensou em assoviar a canção dos Beatles, mas sentiu-se ridículo diante de Rodriguez. Permaneceu em silêncio, pensando na solidão do ponto mais alto do planeta. Afinal, o que Alfredo faria lá? O que buscaria naquele fim de mundo?

De volta ao escritório, Genaro reuniu seus diretores e pediu que apertassem o cinto. O acordo com os chilenos tinha, segundo ele, "gorado" e a empresa poderia passar por um período de dificuldade. Exigiu que cada um deles elaborasse uma lista com os funcionários "menos indispensáveis".

– Mas o senhor não acha que isso é precipitado? – indagou Marco de Grandis, do marketing.

– Eu pedi que vocês montassem uma lista. Não disse que vou demitir essas pessoas.

– Ainda estamos razoavelmente bem, equilibrados, pois as receitas do projeto Antares nos garantem... – argumentou Francis Villardaga, o diretor financeiro.

– Pare com isso, rapaz. Eu sei melhor do que vocês de tudo o que acontece nesta empresa. Quando vocês estão vindo com a farinha, eu estou saindo com o pão. Dez por cento. Ok? Uma lista com 10% dos funcionários de cada setor, os menos indispensáveis. Podem ir, agora.

No restante da tarde, Genaro examinou documentos, checou novamente os indicadores financeiros e passou outro caminhão de tarefas a Júlia. No início da noite, reuniu-se com o assessor jurídico da empresa. Queria saber sobre direitos trabalhistas, indenizações e assuntos afins. O encontro avançou noite adentro.

Já passava das 23 horas quando deixou a empresa. Rodriguez o conduziu sem pressa até o Le Fleur, uma das boates de luxo onde Genaro passava boa parte das noites. Ali, à meia-luz alaranjada, ocupava sempre uma mesma mesa compacta e redonda, num canto discreto da casa. Por vezes, pedia aos garçons que lhe providenciassem companhia feminina. O serviço de mediação, sempre bem pago, era-lhe rapidamente executado.

Nessa noite, escolheu uma ruiva de média estatura, de seios fartos e roliça batata da perna, moça que bebericava champanhe com outro engravatado, no lado oposto da sala principal.

No entanto, os dólares sempre foram "amigos" de Genaro e lhe garantiam a companhia que desejasse. Danuska lhe foi simpática, carinhosa e serviu de boa ouvinte. Falava pouco, mas de maneira inteligente, sempre com um sorriso compassivo, que deixava entrever os dentes alinhados e alvos. Fosse em outra época de sua vida, Genaro a pediria em casamento. Agora, maduro, sabia que esses encantamentos eram efêmeros, gerados em parte pelo malte escocês, e não resistiriam ao primeiro conflito de agendas ou à primeira gripe de um deles. Cabia, então, aproveitar o momento, só o momento, mas da maneira mais intensa possível.

– Mas você está sozinho? – perguntou Danuska. – Um homem tão interessante deve ter muitos amigos... Não vieram contigo?

– Olha, eu não tenho amigos... Tenho conhecidos, colegas... E concordo com o poeta Vinícius de Moraes... O melhor amigo do homem é o uísque. O uísque é o cachorro engarrafado.

A partir daí, a conversa fluiu lenta e agradavelmente. Até que Danuska pousou-lhe a delicada mão sobre o ombro largo, quase rochoso.

– Você está muito tenso. Muito... Precisa de uma massagem para relaxar ou vai ter um ataque cardíaco – disse, compenetrada.

Minutos depois, desceram ao estacionamento privado. Genaro abriu a mão de Rodriguez e nela depositou uma nota de cem.

– Vai pra casa, rapaz. Dá a chave do carro que eu me viro aqui...

– Mas o senhor está em condições de dirigir, seu Genaro?

– Está duvidando de mim? Tá duvidando? – exasperou-se.

– Não, não, é que...

– Então, passa fora daqui... Quer mais cem? Toma aí – disse, sacando outra nota da carteira.

– Não precisa. Não precisa. Mas o senhor está bem mesmo?

– Então, tá fazendo o que ainda aqui... Deixa que eu vou levar a minha amiga polonesa para casa. Encontrei uma pessoa que sabe me ouvir. Certo? E o senhor está dispensado.

– Tudo bem. Tudo bem. Só não vá pela Linha 15. Estão realizando obras por lá e a pista está meio estreita. Com essa garoa, é melhor o senhor dirigir pelo centro da cidade e...

– Passa fora, rapaz... Eu já fui piloto, você sabia? Eu já fui piloto.

Minutos depois, Genaro guiava pelas ruas desertas da cidade. Pensou em ir para casa, levando consigo a elegante Danuska. Sua madrugada seria menos solitária. Poderia dizer à moça como a vida lhe vinha sendo adversa, até mesmo injusta. Dir-lhe-ia das nuvens negras da economia, do filho arisco e dos rigores da idade. Ele lhe contaria sobre o júbilo e a dor de completar 59 anos de idade.

Ligou o som do carro e subiu forte a voz bela e lamentosa de Billie Holiday. Ronronando a canção, como uma gata, Danuska levou a língua até a orelha de seu novo amigo, que reagiu num espasmo. As luzes da cidade desfilavam celeremente, piscando nos reflexos do para-brisa. Como admirava a velocidade, Genaro escolheu como caminho a Linha 15. Lá, pisou fundo: 120 quilômetros, 130, 150...

De repente, viu umas lâmpadas vermelhas na beirada da pista. Enamorou-se delas. Lembravam lanternas chinesas. Danuska também as mirou, enternecida, recordando as festas da igreja de sua cidade natal. As luzes se aproximaram mais e mais. Numa curva longa, Genaro quase as tocou. Até que a roda dianteira direita resvalou numa pedra da obra de reforço da pista. O carro se desviou para a esquerda e derrapou no pavimento molhado. Girou uma, duas, três vezes, até romper o muro de proteção. Voou dez metros e pousou estrondosamente sobre as pedras na margem do lago.

Iniciava-se ali, naquele momento, mais uma grande aventura na vida de Genaro Martín Vásquez.

Esse foi o primeiro capítulo da história. Lançava luzes sobre alguns fatos explorados de maneira sensacionalista pela imprensa no ano anterior. Ficaram os três em silêncio, por alguns momentos, até que Gasalla emitiu um primeiro comentário.

– Nelson, todo esse relato tem estreita relação com um tema: autoconfiança.

– Com certeza – emendou Leila. – Veja quantos elementos simbólicos temos aí. Primeiro, ele vive uma crise por estar envelhecendo. Olha-se no espelho para ver se ainda é a mesma pessoa, se o tempo não lhe tirou o viço, a virilidade, a capacidade de ser um homem admirado.

– Sim, e isso está presente também em sua relação com o mundo exterior. Ele enfrenta problemas para lidar com aquilo que não pode controlar. E a crise econômica internacional se transforma num monstro terrível – afirmou o professor.

– Nesses momentos, a mente humana exagera os inimigos, mas também vai criando escoras, remedinhos – acrescentou Leila. – Ele repete o tempo todo esse poema do Drummond que fala da pedra no caminho, mas ao mesmo tempo busca uma contrapartida. É o caso da música da menina japonesa. *Trust* quer justamente dizer confiança.

– Miauuuu – interrompeu Sayuri, atenta à conversa.

– Ela achou que era com ela. Afinal, seu nome é nipônico – arriscou Nelson, acariciando a bichana.

– Mas esse Genaro é complexo – observou Gasalla. – Ele impressiona os parceiros de trabalho, os clientes, tem pulso firme, um jeito de coronel...

– As pessoas têm diferentes níveis de autoconfiança, de acordo com as circunstâncias – interveio Leila. – Um indivíduo pode ter muita autoconfiança no âmbito pessoal e enfrentar dificuldades no campo profissional. E o inverso também acontece...

– Mesmo na empresa, há situações bem distintas nesse particular – disse o acadêmico. – Um vendedor pode se sentir muito seguro em suas relações com os clientes, mas pode se julgar frágil e incapaz na hora de fazer seus informes comerciais internos ou de tocar os trâmites administrativos.

– E tem como igualar essas dimensões? – perguntou Nelson.

– Isso depende de cada um – respondeu Gasalla. – O ideal seria que as pessoas aproveitassem seus êxitos e seus fracassos para construir aprendizados. Tudo isso deve gerar um reforço para a frase-guia: "Sim, eu posso".

– Foi o que fez Barack Obama em sua campanha presidencial, convocando o povo a participar da construção do sonho de mudança – lembrou Leila. – Essa ideia foi expressa na frase "Yes, we can".

– Mas o nosso Genaro é um ser difícil de classificar – sentenciou o professor. – Ele julga ser o grande timoneiro da empresa, mas tem medo, por exemplo, de perenizar relações de afeto. Vejam lá que ele prefere as companhias de ocasião. Seria difícil para ele afirmar "Si , yo confio" ou "Yes, I trust".

– É que não sabemos ainda como foram os primeiros momentos de Genaro na empresa nem seus primeiros amores. Isso conta muito – observou Leila.

– Na empresa, ele tende a ser autocrático. Na vida afetiva, tende a não assumir responsabilidades – adendou Nelson.

– De certa forma, ele se esquiva do "outro" – disse Leila. – Como quase todo machão poderoso, ele acaba fazendo com que o "outro" fique com medo de discordar. Ele assusta o interlocutor. No caso afetivo, ele não tem de dar satisfações ao outro, pois desde o início deixa claro que não é nada sério.

– Mas será que o Genaro tem noção disso? – arguiu Nelson.

– Não sei se ele tem consciência de seus modos – respondeu Gasalla. – Peter Drucker afirmava que pouca gente sabe como faz as coisas. Segundo ele, as pessoas trabalham e executam as mesmas tarefas de formas diferentes, mas não se dão conta disso. Alguns acabam adotando métodos impróprios, cujo resultado é o fraco desempenho. Drucker sugeria aos trabalhadores do conhecimento que se perguntassem: "Como faço as coisas?"

– Portanto, pode ser que ele nem se considere autocrático. Mas tenho outra dúvida: de que forma é possível sabotar a autoconfiança de alguém? – perguntou o escritor.

– É o que Genaro deve ter feito com alguns de seus colaboradores menos blindados emocionalmente – respondeu Gasalla, massageando o queixo sob a barba grisalha. – Com frequência, certos indivíduos tentam baixar nossa autoconfiança. Alguns fazem isso até mesmo sem querer.

– E o que devemos fazer nesses casos? – quis saber Nelson.

– Existe uma defesa possível – garantiu Gasalla. – Quando ocorre um ataque desse tipo, podemos recorrer a uma ferramenta-chave, que é a assertividade.

– Responder na lata? – perguntou Nelson.

– Não precisamos ser grosseiros – explicou o professor. – Vale dizer o que realmente queremos dizer. Não podemos nos render a um silêncio que depois nos acarretará danos. Temos de expor o que pensamos, nossos motivos, sem agredir o outro.

– Todos nós já passamos por essa paralisia, bem na hora em que tínhamos algo a dizer – esclareceu Leila. – E depois essas coisas guardadas vão minando a nossa autoconfiança. Por vezes, não fazemos perguntas necessárias e depois temos de caminhar às cegas. Por vezes, não emitimos opiniões que teriam sido valiosas. Nas empresas, isso é comum. O operário do chão de fábrica pensa, desde o início, que aquele modelo de solda em série não vai dar certo. Mas ele se cala diante do poderoso engenheiro de produção. Depois de um mês, há um monte de produtos inutilizados e uma máquina caríssima fora de ação. E aí esse cara se pergunta: "Por que eu não avisei?"

– Exato – disse Gasalla. – No entanto, esse dizer não é tão simples. O funcionário, nesse caso, precisa saber que vai ser ouvido. Depois, ele tem como desafio construir um discurso convincente, com evidências de que está certo. Ele precisa ter educação, sensibilidade e mostrar que sua opinião é legítima, que o objetivo é contribuir para o sucesso coletivo.

– Sim, não há dúvida – concordou Nelson. – Porém, a maior parte das empresas não tem essa cultura. Muitos executivos não ouvem nem mesmo os diretores que estão logo abaixo na escala hierárquica. Difícil imaginar que possam ouvir torneiros mecânicos ou soldadores.

– Aí está o "x" da questão – adiantou-se Leila, respirando fundo. – Um líder autoconfiante é capaz de praticar a modéstia, a humildade. Se ele quer mesmo executar um bom trabalho, vai ouvir as pessoas a seu redor, os que realmente sabem como a coisa funciona. Ele nunca vai se sentir ameaçado porque um operador de prensa deu uma contribuição valiosa para aumentar a produtividade.

– É bem por aí – emendou Gasalla, arqueando-se para buscar a xícara do chá que Sofia, a simpática faz-tudo de Nelson, acabara de colocar sobre a mesinha de centro.

– E tem um jeito de identificar as pessoas com mais autoconfiança? – perguntou Nelson.

– Tem, sim – respondeu Gasalla. – Elas permitem maior abertura aos demais. São pessoas que não se incomodam de explicar o porquê de suas palavras e de seus atos. Além disso, sabem reconhecer seus próprios erros, bem como os acertos de seus colaboradores. Os chefes sem autoconfiança raramente esclarecem dúvidas sobre suas diretrizes, tampouco gostam de abrir debates nos quais cada um apresenta seu ponto de vista. Você, Nelson, deve ter visto isso quando atuava como jornalista.

– Há, há, há... Nem me fale...

– Então, aí se escondem medos associados à baixa autoconfiança – disse Leila, ajoelhada no tapete felpudo, agora brincando com a gata Sayuri. – Tem aquele professor da universidade que tenta parecer muito seguro em seu discurso, mas nunca arranja tempo para que os alunos lhe façam perguntas. Tem o chefe que não deu a informação necessária a um processo de produção, mas se nega a admitir sua falha, temendo perder o respeito da equipe.

– Pois é, pelo que tenho ouvido, o Genaro tem alguns desses comportamentos – informou o escritor.

– E tem mais em termos da assertividade... – disse Gasalla, detendo-se um instante atrás da fumaça do chá de camomila. – Um chefe autoconfiante a usa para também contar as más notícias, sem ambiguidades e sem rodeios. Ele costuma ter uma atitude positiva imediata quanto a essas adversidades, sugerindo novos caminhos e procurando a contribuição daqueles que o cercam.

– Porém, aí tem outra coisa, gente – interrompeu Leila. – Às vezes, a pessoa muito assertiva pode parecer prepotente diante do interlocutor. Um indivíduo com baixa autoconfiança poderá considerá-lo arrogante.

– Tem uma diferença – explicou Gasalla. – O arrogante normalmente não escuta outros pontos de vista. Sempre considera evidente o que tem de dizer ou fazer. Ele não se permite ter dúvidas. Não vê o outro como uma pessoa capaz de gerar ideias tão válidas quanto as suas. O arrogante não sabe pedir e muitas vezes tem dificuldade em perguntar. Uma pessoa com autoconfiança não se sente mal em reconhecer sua ignorância acerca de um tema. Não se lamenta quando alguém discorda de sua opinião. Como está aberta à dissensão, ela não ergue barreiras de defesa. E, assim, inspira mais confiança.

– Pois é, como confiar em alguém que não confia em si mesmo? – comentou Nelson.

– Sim, essa conduta de referência é fundamental ao exercício da liderança – concluiu Leila. – A autoconfiança do líder gera autoconfiança nos colaboradores. Ele trabalha com facilidade o efeito Pigmalião, a profecia que se autocumpre.

– Nossa, agora complicou, amiga... – reclamou Nelson, erguendo as sobrancelhas.

– É simples – respondeu ela, sorvendo o chá de hortelã.

– Então... – disse o escritor.

– Esse líder é consciente da influência que pode exercer em seus colaboradores. Se ele espera bons resultados, obterá bons resultados. E, se espera maus resultados, obterá maus resultados. E ele projeta isso nas pessoas a seu redor. Para o bem e para o mal, ele interfere nas crenças do grupo. Se ele crê que pode, será possível. Mas, se ele acredita que não vai dar certo, logo as pessoas estarão seguindo a trilha do fracasso.

– Interessante isso... Quer dizer que um líder autoconfiante também pode conduzir as pessoas para o caminho errado... Quer dizer, Hitler era autoconfiante de certa forma... – lembrou Nelson.

– Aí, não estamos entrando no mérito do projeto – explicou Gasalla. – Napoleão, Alexandre, o Grande, Jesus, todos eram líderes autoconfiantes e inspiravam as pessoas a seguir em certa direção. Esses indivíduos de referência abrem caminhos aos demais. Depois que fizeram, os outros acham que podem fazer também. O autoconfiante empresta segurança às pessoas. Ele não exibe medo. É o caso de Gandhi, na grande Marcha do Sal, que percorreu mais de quatrocentos quilômetros na Índia... Ele é franzino, mas não parece ter medo dos britânicos, e é seguido por milhares de pessoas comuns nesse protesto histórico.

– É, nesses casos extremos, o líder não pode vacilar – observou Leila. – Somente uma pessoa segura inspira uma atitude de mudança. E, já que você falou em Gandhi, vale lembrar de Martin Luther King Jr. Nos momentos cruciais da luta pelos direitos civis, ele não abriu mão de suas convicções e foi sempre corajoso na hora de exigir o que era correto. E isso sem agredir ninguém. Esse sujeito era assertivo e tinha condutas condizentes com o que dizia. Se tivesse fraquejado, talvez os afrodescendentes ainda estivessem dando seus lugares aos brancos nos ônibus norte-americanos.

– Tem algo mais nesse exemplo de Luther King Jr. – acrescentou Gasalla. – Ele iniciou uma ação em cadeia, movimentando vários setores da sociedade num efeito dominó. No mundo competitivo, as empresas precisam exatamente disso, desse iniciador e gestor de processos interligados. O líder de verdade precisa entender que o improvável pode ocorrer e saber lidar com os fenômenos da "ecologia não linear", como gosta de dizer o pensador espanhol Salvador Paniker.

– Pequenos acontecimentos provocam efeitos ampliados e imprevisíveis. A Teoria do Caos e o Efeito Borboleta... Acertei? – arriscou Nelson.

– Perfeito – disse Gasalla, aplaudindo-o.

– Pois é, gente. A nova realidade, em que o sólido se desmancha no ar, bota medo em muitos líderes – disse Leila, acariciando a gata que já dormia profundamente. – Eles não sabem bem o que vai ocorrer após uma decisão e deixam-se dominar pela insegurança. Nesse mundo do século 21, há cada vez mais incertezas e acontecimentos inéditos.

– Agora, fiquei curioso: o que fazer para criar autoconfiança? – disparou Nelson.

– A principal chave desse processo é a construção da autoestima – respondeu Gasalla, que já consultava o relógio, preocupado com o adiantado da hora. – É preciso, primeiro, determinar o quanto nos aceitamos, e nos respeitamos, o quanto gostamos de nós mesmos. Muito dessa ideia de autoestima provém da infância. Se os pais e mestres são eficazes no processo educativo, podemos ver-nos no espelho, determinar o que agrada e o que desagrada e, assim, construir uma imagem mais adequada.

– Mas não é possível criar um exercício mental para se fortalecer a autoconfiança? – perguntou Nelson.

– Acredito que sim – respondeu Gasalla. – A fé em seu poder determina o seu poder. É como se nossas crenças determinassem nossas possibilidades. Gosto muito do poema de Rudyard Kipling sobre o êxito. Acho que me lembro dele ainda:

O êxito começa com a vontade
Se pensas que estás vencido, estás,

Se pensas que não tens coragem, não o farás
Se pensas que gostarias de ganhar
mas que não podes,
não conseguirás...
Se pensas que perderás, já perdeste.
Porque no mundo saberás
que o êxito começa com a vontade,
e que tudo está no estado mental.
Pensa grande e teus feitos crescerão,
Pensa pequeno e ficarás para trás,
Pense que podes e poderás,
Pois tudo está no estado mental.
Nem sempre ganha a batalha da vida
o mais forte ou o mais ligeiro;
porque tarde ou cedo o que ganha
é aquele que crê poder ganhar.

– O problema é que muitas vezes a educação tradicional não tem permitido o desenvolvimento da autoconfiança – disse Leila. – Muitas pessoas não tiveram o olhar educado para uma avaliação criteriosa e constante de si mesmas. E outras são ensinadas a copiar modelos, a fazer como seus ídolos de areia, a esperar que a sorte chegue um dia...

– Sem dúvida – assentiu Gasalla. – Muitas pessoas são treinadas para ser eternas coadjuvantes. E essas pessoas têm dificuldade para se avaliar diante do espelho. Na verdade, a questão da autoimagem está calcada em paradigmas que definem nosso lugar na relação com as outras pessoas. Existe um modelo interessante de categorização que se sustenta em quatro posições existenciais básicas.

– E quais seriam? – interessou-se Nelson.

– A primeira é: eu estou bem, você está bem. A segunda: eu estou bem, você está mal. A terceira: eu estou mal, você está bem. A quarta: eu estou mal, você está mal. Essas posições representam um sentir interior que trabalha a partir do inconsciente e refletem nossa posição em relação ao que nos rodeia – explicou o professor, rabiscando uma folha de papel sobre a sua maleta de couro.

– E onde está cada um nessa classificação? – perguntou Nelson.

– As pessoas autoconfiantes, os líderes de verdade, estão na primeira posição. Na segunda, aparecem os falsos líderes, os perseguidores, os salvadores, aqueles que confundem autoconfiança com autossuficiência e prepotência. Na terceira posição, estão as vítimas dos perseguidores e os "vitimistas", aqueles que se põem debaixo do sapato mesmo quando não foram pisados. Sentem-se culpados por tudo, queixam-se de cada situação. Na posição quatro, estão os psicopatas, que consideram ter uma missão, a de se destruir e exterminar os demais. São aqueles que se autoimolam fazendo disparar os explosivos que carregam amarrados ao corpo. Esses aí estão em todos os lugares, não somente nas áreas de tensão no Oriente Médio.

– Em resumo, o nosso Genaro apresenta alguns traços de baixa autoestima – analisou Leila.

– Diz isso por conta de quê? – indagou o escritor.

– Ele empreende ataques e também fugas. Não permite desacordos e não gosta de conflitos. Com isso, ele afasta a dissonância e tenta criar uma falsa harmonia ao seu redor.

– Mas essas pessoas, as que fogem, não são aquelas que costumam dar razão aos outros? – perguntou Nelson.

– Seria preciso analisar um pouco melhor as atitudes deles – respondeu Leila. – Por vezes, ele claramente tem atitudes de "ataque", procurando fortalecer seu controle sobre as pessoas. Por vezes, porém, mostra um flanco débil do ego, convertendo-se em um pequeno egoísta...

– E isso pode ter afetado a gestão da empresa? – perguntou Nelson, olhando para os amigos.

– A Órion, no momento citado, passava por uma crise. Não era exatamente uma empresa dinâmica, próspera e cheia de energia. Certo? – interveio Gasalla. – Talvez os seguidores tenham deixado de confiar no líder e tenham buscado alternativas. Talvez o grupo tenha criado suas próprias regras quando não estava sob o olho do chefão. É difícil demais infundir fé sem ter fé. Como exceção, somente me recordo daquela personagem de Miguel de Unamuno, um padre de aldeia que consegue evangelizar todo o povo, mesmo sendo ateu. É do livro *São Manuel Bom, mártir*... Mas isso só se passa nas novelas. Na vida real, é bem difícil achar um exemplo.

– Pois é... No entanto, ainda falta uma lição prática – notou Nelson. – Como desenvolver a tal autoconfiança?

Leila suspirou e apresentou seu breve roteiro de ações...

– Olha, quem está acima deve delegar a quem está abaixo. O chefe pode sugerir projetos desafiantes, estimular o subordinado a correr riscos, sempre mostrando reconhecimento pelos progressos conseguidos. Mas, cuidado, porque esse processo não evolui quando o líder não tem suficiente autoestima. Então, ele mesmo precisa avaliar sempre sua conduta. Deve contrastar a própria imagem com aquela que as pessoas têm dele. Pode recorrer a alguém de fora, uma pessoa que possa lhe fazer enxergar suas atitudes inadequadas e também seus talentos esquecidos.

– Mas tudo depende muito da vontade do indivíduo, não? – sugeriu Nelson.

– Ele precisa, sim, atrever-se, abrir-se para novas realidades, querendo fazer diferente – opinou o professor. – O ser humano se assenta na homeostase e tende ao mimetismo. Ele se acomoda a situações conhecidas e costumes. E trata de imitar, sobretudo, os que estão "por cima". A liberdade assusta e preferimos atuar com base em estereótipos. A verdadeira liderança exige a construção de caminhos adaptados a cada realidade específica, sem preconceitos, modelos prontos ou lugares-comuns. Conforme disse Leila, o chefe que delega torna-se mais vulnerável. Esse é o preço que se paga pela confiança no outro. A vantagem de delegar é que se criam novas responsabilidades. Amplia-se o espaço de interdependência entre chefe e colaborador.

– É o triunfo do diferente e do singular – acrescentou Leila. – Quem delega habilita o outro a criar o diferente. Autoriza-o a sair do circo das imitações.

– Sair do padrão assusta, e muito – emendou Gasalla, já se levantando para pegar sua jaqueta. – Contudo, a experimentação é fundamental para enfrentar esse mundo hostil e competitivo. É preciso viver novas situações, conhecer lugares, estabelecer relacionamentos com pessoas diferentes. É fundamental abrirmos novas janelas de percepção e cognição. A liderança é mais ser do que conhecer, é mais espírito e emoção do que experiência e matéria.

– Bom, vamos embora porque está tarde. Pena não poder levar a gatinha comigo. Gostei dela – disse Leila, já em pé. – Enfim, para completar essa história, eu creio que, antes de liderar os outros, o líder precisa saber liderar a si mesmo. Não sei se o Genaro dessa história estava no comando de si próprio. Tanto é que, simbolicamente, deixou seu carro cair de uma ponte.

QUADRO 1

PARA TER AUTOCONFIANÇA...

- Busque **novas situações**. Elas permitirão que você se conheça melhor.
- Ataque **um problema de cada vez**. Desfrute dos êxitos parciais.
- Investigue os caminhos desprezados pelos outros. **Arrisque-se.**
- Aprenda a **aproveitar seu ócio**. Faça dele um recesso criativo.
- **Não dramatize a realidade.** Lembre-se de casos em que, em seguida, o desespero pareceu injustificado.
- **Ria de si mesmo** e das circunstâncias. Conte de seus percalços aos bons amigos.
- **Sirva** aos demais.
- Seja generoso e **agradecido**.
- Dê valor ao esforço: ao seu esforço e ao **esforço alheio**.
- Procure o significado de **cada acontecimento**. Preste atenção às interpretações que os outros fazem desses fenômenos.
- Busque razões para mudar, para **variar os caminhos**.
- De vez em quando, veja se **faz sentido** sua autoindulgência.
- Certifique-se de que segue **confiando** em algo e em alguém.
- Não perca de vista o seu **sonho** pessoal, mas também o sonho que compartilha com amigos, colegas de trabalho e familiares.
- **Lembre-se com frequência** de seus principais sucessos.
- Ante uma grande **dificuldade** ou **problema**, pergunte-se: o que de pior pode acontecer?

CAPÍTULO 2

O mistério da consciência

O NOME QUE DEU À DOR FOI "LANCINANTE". PARECEU A GENARO QUE A COLUNA ERA COMPOSTA DE INÚMEROS BLOQUINHOS DE LEGO. AGORA, ESSE BRINQUEDO PARECIA DESCONJUNTADO. RESPIROU CURTINHO. E PERCEBEU QUE ESTAVA COMPRIMIDO POR DOIS *AIR BAGS*.

– Caramba... E a moça? Onde é que foi parar a moça? – perguntou-se numa fala empapada de sangue.

Tentou virar-se para a direita, mas o corpo não respondia ao comando. Procurou ouvir a companheira de ocasião, mas percebeu apenas um fio de exclamações distantes. Então, sentiu um sono forçado, aquele das anestesias. Lembrou-se de que jamais havia escrito um bilhete recomendando a cremação.

Lamentou a morte, menos como privação da vida e mais como privação da consciência. Seria muito estranho passar a eternidade sem saber de nada, numa alienação perpétua. Morrer nem era o problema. Terrível seria perder a capacidade de sentir, processar e raciocinar. No fundo, deduziu, a vida era menos estar, ter, mover-se... Era mais um "saber-se".

– A coisa mais concreta do mundo é subjetiva... A coisa mais concreta do mundo é intangível – balbuciou, lentamente, quase sem mover os lábios.

Considerando que seria injusto e doloroso esquecer de si próprio, Genaro baixou as pálpebras e perdeu a consciência.

NAQUELA MADRUGADA, Alfredo adormecera no sofá da sala, diante de um filme francês. Acompanhava a divertida aventura de Amélie Poulain, de Jean-Pierre Jeunet, quando embarcou num sonho esquisito, que misturava Paris com os picos gelados do Himalaia. Via a adorável e frágil protagonista do filme tiritando de frio à beira de um precipício. Tinha medo de resgatá-la. Seu peso, afinal, poderia romper aquela franja de gelo e provocar uma avalanche. Olhou para cima e viu a Torre Eiffel, encarapitada no K2, assentada sobre a base a 8.611 metros de altura... Com seus 324 metros, somada a antena, eram... eram... 8.935 metros! Os números bailavam em sua cabeça e mostravam um prédio de neve e metal de 2.978 andares...

De repente, ouviu um estrondo e despertou aterrorizado. Não havia mais gelo nem vento cortante. Na TV, uma fábrica ardia em chamas e suas torres caíam uma a uma, abaladas por explosões em gigantescos tambores de combustível. Manuseando o controle remoto, descobriu tratar-se de mais um programa da série *Vídeos Incríveis*.

Como sempre, acreditou que o sonho e a mensagem televisiva pudessem compor um presságio. Detestava e temia essas visões proféticas. Certa noite, quando era criança, ouvira um ruído no banheiro. Foi investigar e não encontrou causa. Horas depois, recebeu a notícia de que a avó morrera em casa, após sofrer uma queda no toalete. Anos mais tarde, cochilou durante uma aula de Matemática. Em meio ao torpor, anteviu a mãe nos braços de um anjo de asas enormes, uma espécie de condor humanizado. Três dias depois, foi informado de que Eugênia perecera na queda de um avião na Alemanha.

Logicamente, suas visões também antecipavam ocorrências felizes. Foi assim na véspera da decisão da Copa do Mundo, quando viu nas manchas de um *cappuccino* um desenho perfeito do gol que daria o título à seleção de seu país. Vivera outra experiência fantástica ao ser perseguido durante dias e mais dias por um perfume feminino. Tomara banhos e mais banhos para livrar-se da fragrância de jasmim, julgando-se vítima de um feitiço ou encantamento. Até que uma tarde, a caminho de um *show* de *rock*, teve a traseira do carro abalroada. O choque não fora violento, mas resolveu descer para avaliar o prejuízo. A incauta motorista acorreu assustada, pronta a lhe oferecer desculpas. Seu nome era Carla, moça de dotes extraordinários, e a ela pertencia o misterioso aroma. Com a arquiteta escorpiana, Alfredo viveria algumas de suas mais formidáveis aventuras.

Naquela madrugada de sono atribulado, entretanto, Alfredo não cogitou receber boas-novas. Correu para o quarto, despiu-se e encolheu-se debaixo do pesado edredom negro. Em posição fetal, decidiu repetir uma série de orações a fim de afastar qualquer energia maléfica que pudesse abater-se sobre si próprio ou sobre os entes queridos. Minutos depois, porém, antes de cumprir a liturgia particular, adormeceu novamente. E encontrou-se mais uma vez a poucos passos de Audrey Tautou, a atriz de *O fabuloso destino de Amélie Poulain*, que agora balançava sobre uma enorme garganta rochosa. Sua vida dependia da mão esquerda, precariamente agarrada a folhas de uma tamareira.

Em sua aflição, Alfredo sentia-se queimar sob o sol do Saara, na borda de um platô de vegetação rala. Suava, paralisado, ofegante, incapaz de empreender o resgate. Desejava ardentemente tomar uma atitude heroica, mas o medo o dominava. Não julgava ter a força necessária para realizar o salvamento. Abraçado ao inclinado galho espinhoso, via a própria pele lacerar-se, mas não acusava a dor nem ousava estender a mão à moça. Mortificado, viu a Lua erguer-se no céu e tapar o Sol, num eclipse que deitou a noite sobre a paisagem.

Nesse momento, o telefone tocou. Demorou até despertar e identificar no mundo real o aviso sonoro. Mordendo os lábios, correu até o aparelho e captou a voz titubeante de Rodriguez.

– Seu Alfredo?

– Sim, sou eu... Fala...

– Houve um problema. Eu já avisei sua irmã, e ela ficou de vir para cá. Eu sei que é tarde, mas eu gostaria de saber se...

– Desembucha, homem. Que porra aconteceu?

– Então, como eu disse para a dona Letícia, nós viemos para cá assim que o pessoal do resgate ligou para o primeiro número da memória do celular dele. Era o meu... Então, eu peguei o meu carro e fui até lá...

– Que merda, Rodriguez, que tremenda enrolação. Fala logo... Quem morreu?

– Não é que morreu, seu Alfredo... Não, não, não é nada disso. Não, longe disso. Foi como eu expliquei à dona Letícia. Eu falei que poderia levá-lo para onde ele quisesse. Mas sabe como é o sr. Genaro...

– Ele morreu, né? Foi ele que morreu desta vez. Diz logo, Rodriguez... Não me enrola, não! – gritou Alfredo, exasperado.

– Foi um acidente. Eu nunca poderia imaginar que fosse acontecer algo assim. Ele foi levado para o Hospital Mater Dei, aquele do bairro Sacramento. Creio que seria melhor o senhor ir até lá porque é preciso tomar umas decisões... O senhor e dona Letícia precisam conversar com os médicos...

Nesse momento, Alfredo bateu o telefone. Fechou os olhos e caminhou trêmulo até a cama. Esgueirou-se para baixo do edredom e deliberou que, antes de tudo, deveria salvar a moça do deserto. Permaneceu ali por cinco minutos, angustiado, desesperado para alçar-se novamente ao trem do delírio. Convencido do fracasso, levantou-se como um autômato e, sem acender a luz, tateou em busca das roupas. Vestiu-se com dificuldade, arfando, mordendo o lábio inferior.

Antes de sair de casa, bebeu um refrigerante. Acreditou que lhe faria bem ao estômago revirado. Quando abriu a porta da garagem, um fio claro no leste do céu já anunciava o novo dia. Odiava estar acordado naquele horário. Afirmava ser o crepúsculo dos zumbis, a hora em que o conde Drácula retornava a seu esquife. Em poucos minutos, encontraria mais uma vez seu destino.

Às 6h43, numa das salas de cirurgia do hospital, quatro médicos tentavam salvar a vida de Genaro. Haviam acabado de efetuar uma incisão profunda na clavícula do lado esquerdo do corpo, na qual se alojara uma farpa de metal de aproximadamente quinze centímetros. Deveria ser retirada por ali, com o máximo cuidado, a fim de que as veias transversa e jugular fossem preservadas.

Nesse mesmo instante, o corpo teso e arroxeado de uma jovem ruiva chegava ao necrotério da instituição. Parecia estar sorrindo, o que sensibilizou o funcionário do setor. Olhando-a com atenção, o rapaz identificou seus traços simétricos. Depois, sorriu-lhe compassivamente em retribuição.

Na área de atendimento, Alfredo encontrava sua irmã, Letícia.

– Que aconteceu com o velho? – disparou o rapaz.

– Foi um acidente de carro. Parece que ele bebeu demais. Caiu de uma ponte – respondeu.

– Morreu, vai morrer ou vai sobreviver?

– Como é que eu vou saber? Pelo que nos disseram, está sendo operado agora. Só sabemos que é grave, muito grave.

– Chamou o dr. Videira? Chamou?

– Não... Ele é o médico particular de papai, mas esse é outro caso. Eles sabem o que fazer.

– Mas por que não chamou? Devia chamar. Ele sabe que remédios o velho toma, sabe das doenças, da pressão alta... Por que não chamou?

– Não é o caso, agora – irritou-se Letícia, virando abruptamente o rosto.

– Mas tinha de chamar. É o mínimo que se espera, porque quando alguém sofre um acidente é preciso informar os médicos sobre as fragilidades da pessoa... Por que não chamou, Letícia?

– Ah, vá se catar, Alfredo. Chame você, então... Nunca faz nada, nunca toma uma decisão, depende dos outros para tudo... Faça alguma coisa, então... – retrucou a moça, elevando o tom de voz.

– Olha, você não venha me peitar, não, Letícia. Você vive no bem-bom por causa desse homem que está morrendo lá agora. Se você só quer a herança, vai ver do que eu sou capaz...

– Lava essa boca, canalha. Lava essa boca seu palerma, mimado, inútil... – bradou, já entre lágrimas, investindo contra o irmão.

Nesse momento, foi contida pelo marido, Armando, que retornava da sala de registro de pacientes.

– Letícia, para com isso... Para com isso! Não vai mudar nada. Não precisa fazer escândalo.

– Armando, não se intrometa. Deixa, eu resolvo isso com ela – protestou Alfredo.

– Rapaz, vai tomar um calmante. Você está nervoso demais. Olha só, liga você para o dr. Videira. Liga do meu celular. Tem o número dele nos contatos.

Alfredo saiu da sala de espera para efetuar a chamada. Conversou com o clínico rapidamente e sentou-se num banco de pedra. Ficou observando os pombos que circulavam por ali. Pensou que eram uma ameaça à saúde dos pacientes. "Ratos com asas são esses aí", reclamou em pensamento. Depois, fechou o casaco e pôs-se a contar os tijolos do muro que se erguia do outro lado da fonte, para além da estátua de Nossa Senhora. Nesse momento, experimentou um *déjà-vu*.

Em dado momento, questionou-se: "Será que isso tudo é verdade?" Não tinha mais certeza de sua própria natureza e duvidava dos sentidos. "Sou mesmo este cara, neste lugar e nesta situação?" Pigarreou. "Será que tomei a pílula azul ou a vermelha?", indagou-se, fantasiando a opção do protagonista do filme *Matrix*, ao qual assistira incontáveis vezes. Tateou os bolsos do casaco à procura de algo. Nessas horas, gostaria de ser fumante. "Envenenar-me de fumaça seria bom numa hora dessas." Preocupou-se, então, com o hálito matutino. Assoprou a mão em concha e determinou que era péssimo. "Preciso de um chiclete de menta, urgente." E saiu apressado para a rua, em busca do regenerador bucal.

ÀS 17H30 DAQUELE DIA, Letícia, Armando e Alfredo encontraram-se com o dr. Videira e com o chefe da equipe médica do hospital, Jorge Borghetti. A sala tinha um quê de capela, com duas réplicas: uma do quadro *O batismo de Cristo*, de Leonardo da Vinci; e outra da escultura

Pietà, de Michelangelo. Ao mirar a obra, Alfredo sentiu um arrepio. Viu o pai ali, derreado sobre a senhora santa e piedosa. Nesse momento, imaginou ter detectado um cheiro forte de incenso. Incomodou-se. Fungou de maneira deselegante. Borghetti baixou os óculos de hipermétrope e começou a falar, com a calma e a gentileza de um padre:

– O caso do sr. Genaro é muito grave. Fizemos o que estava ao nosso alcance até aqui. Ele segue inconsciente, em coma, o que é conveniente neste momento crítico. É um milagre que esteja vivo. Somente o tempo dirá se vai sobreviver. Talvez seja necessária uma nova intervenção cirúrgica nos próximos dias.

– Qual a porcentagem de chances? – indagou Alfredo, impaciente.

– Chances de...

– De se curar totalmente... – completou.

– Só Deus sabe, meu filho. Não somos estatísticos. Na medicina não podemos estipular porcentagens.

– E o que podemos fazer neste momento? – perguntou Letícia.

– Vocês podem orar. Sei que são de uma família de fé, pois ajudaram a erguer e a manter este hospital... Eu diria que...

– Como não sabe? O senhor ganha um salário altíssimo aqui e só tem isso a nos dizer? Eu quero um diagnóstico, entendeu? Expectativas... Alguma coisa concreta – protestou Alfredo, batendo com as chaves do carro sobre a mesa.

– Vamos até a cantina – antecipou-se Armando, levantando-se e conduzindo o cunhado até a porta.

– Se o velho morrer, vocês vão ver a minha fúria. Está tudo muito estranho aqui. Não estou compreendendo a atitude de vocês.

– Dr. Borghetti, meu irmão precisa de medicação. Ele não está consciente de seus atos. Eu peço desculpas pela atitude dele... Não sei o que dizer...

– Nós vamos ver isso. Vou receitar alguma coisa – adiantou-se o dr. Videira.

Antes que Alfredo respondesse, Armando o arrastou pelo corredor em direção a uma sala de espera.

– Cara, acorda! Você não é mais criança. Vai completar 30 anos. Todo o mundo está estressado aqui. Esse tipo de comportamento não vai ajudar. Bota a cabeça no lugar. Pensa. Cadê a tua maturidade, hein?

– Armando, eu não vou ouvir sermão seu, sinto muito... – respondeu Alfredo, enfiando a cara amarfanhada entre as mãos suadas.

– Há momentos em que a gente precisa botar os pés no chão. Saber o que a vida nos exige e agir com responsabilidade. Não é hora nem lugar para discutir isso, mas é bem provável que você tenha de assumir o comando da Órion. Já pensou nisso?

– Isso é coisa para o futuro...

– Não, não é para o futuro, não. Você é o herdeiro, a pessoa que seu pai gostaria de ver ocupando a sala da presidência. Você é um Martín Vásquez. Tem um nome importante a zelar.

– Não por enquanto... Está tudo bem e...

– Não é bem assim, rapaz. Já ouviu falar da crise? Sabia que 5 mil famílias dependem dos negócios da empresa? Sabia que quinhentos dos postos de trabalho estão por um fio?

– Mas estamos tendo lucro, não estamos? A companhia cresceu muito nesses últimos anos.

– O mundo é hoje muito dinâmico. Um líder de mercado hoje pode estar baixando as portas amanhã. E no mundo globalizado tudo afeta a todos. Uma medida do FED norte-americano pode nos derrubar no dia seguinte.

– Armando, hoje não dá para discutir sobre isso. É até um desrespeito ao meu pai. Não faz sentido.

NO DIA SEGUINTE, Alfredo resolveu permanecer em casa. Ligou para Letícia e soube que o estado do pai continuava inalterado. Pensou em passar na Órion e conversar com alguns dos diretores. Delegaria funções. Pediria apoio e dedicação. Logo, tudo estaria resolvido.

Depois, entretanto, imaginou que essas pessoas certamente o crivariam de perguntas. Respirou fundo, entediado. Expirou o ar e sentiu-se atemorizado. Afinal, podiam exigir que suas respostas encerrassem decisões. Teria eventualmente de indicar caminhos, apreciar propostas, vetar isso ou aquilo, administrar conflitos, manter ou demitir pessoas.

Como esses pensamentos o agastavam tremendamente, resolveu ir até a Alpine Heroes, a empresa de Johnny Clay, seu parceiro de escaladas e aventuras radicais.

Passaram quase meia hora analisando um novo tipo de "corda dinâmica". Não chegaram a um consenso sobre suas qualidades de amortecimento de impactos. Clay mostrou-lhe também um novo *boldrié* bem acolchoado. A "cadeirinha" parecia confortável e tinha um bom conjunto de alças rígidas para os equipamentos.

Depois do almoço, Alfredo desligou o celular para não ser interrompido. Numa parede de escalada *indoor* mexeram com *ascenders* novos. O sistema blocante parecia confiável. A corda passava fácil num sentido e travava-se com segurança se puxada no sentido contrário. O estudo minucioso de equipamentos prosseguiu. No fim da tarde, foram para a região da praia. Numa rocha, testaram uma talhadeira e dois diferentes tipos de brocas. Chegaram a avaliar também alguns grampos colocados nas fendas.

No dia seguinte, Alfredo foi acordado às 7 horas com um telefonema de Armando. Sua voz imperativa machucou-lhes os tímpanos. Convocava-o para uma reunião urgente na empresa, às 9 horas.

– Vamos debater alguns assuntos com o conselho da família e o conselho de administração. Suas tias, seus primos e sua irmã estarão lá. Não se atrase – exigiu o cunhado.

Alfredo voltou a dormir e acordou meia hora antes do encontro. Não fez a barba, tomou uma Coca-Cola e comeu dois biscoitos *crackers*, já enquanto dirigia. Irrompeu na sala às 9h20, esbaforido, cabelo despenteado e terno em desalinho. Incomodou-se ao ver que lhe fora reservado um assento numa das pontas da mesa.

Armando tomou a palavra, informou os presentes sobre o estado de Genaro e listou os problemas mais urgentes da empresa. Fez uma breve análise da crise e lembrou que a empresa planejava cortar 10% dos funcionários. Alguns diretores apresentaram breves relatos das dificuldades enfrentadas por seus departamentos.

– Ok, Armando. Concordamos com tudo. Você sabe bem o que fazer... Então, assuma o controle da empresa até que meu pai se recupere. Tenho certeza de que Letícia também concorda – disse Alfredo.

– Não, não, não. Não é por aí – respondeu Armando, constrangido. – Eu cuido somente da comunicação aqui na corporação. Sou porta-voz, muitas vezes. Mas não estudei Administração nem Economia. Não sou um especialista em gestão.

– Isso não importa. Sabemos que você vai dar um jeito – interveio Alfredo, já fazendo menção de levantar-se.

– Esperem aí... Quem de vocês estudou essas coisas? – perguntou, em voz solene, Natália, a irmã mais nova de Genaro.

– O Alfredinho estudou. O Alfredinho, esse aí – respondeu a

encurvada Gertrudes, a mais velha das irmãs, apontando o dedo enrugado e fino para o sobrinho.

– Estudei, mas não tenho prática. Eu, eu... – manifestou-se Alfredo.

– Ele fez faculdade de Administração! E a pós-graduação foi em Economia, nos Estados Unidos – informou Letícia, com um sorriso malicioso.

– Espera aí, espera aí. Aquele curso lá fora não dá bagagem a ninguém. Na verdade, o meu interesse lá era na área esportiva. Eu nem assistia às aulas direito.

– Alfredinho, mas você veio ou não veio com o diploma dos gringos? – indagou Gertrudes, franzindo o cenho, quase em reprovação.

– É, tia, o certificado eu tenho. Mas não tive nenhuma nota espetacular, não. Eu só fiz o curso porque o meu p...

– Então, ele é o mais capacitado. Vamos votar para ver se o Alfredinho assume mesmo a direção da empresa – decretou o robusto e calvo Frederico, filho de Gertrudes.

– Esperem...

– Quem é a favor? Votam somente os doze da família – continuou Fred, mirando os presentes por cima dos óculos estreitos.

A escolha teria sido unânime, não fosse a abstenção do candidato indicado.

– Espero que você dê jeito nisso aqui. Parece tudo organizado, mas a empresa está envelhecida, desorganizada e confusa. Seja responsável e não me decepcione. Faça melhor que aquele velho embusteiro. Está mesmo na hora de mudar – disse Natália, com sua franqueza habitual, segurando o braço do sobrinho.

– Vou lhe cobrar, Alfredinho. Isso aqui não está do nosso gosto, viu? – completou Gertrudes, quase enfiando o indicador no nariz do novo comandante da Órion.

Enquanto procurava assimilar o choque, Alfredo viu a sala esvaziar-se rapidamente. A maioria nem se despedira. Sentiu-se com a batata fervente nas mãos. Pegou-se fatigado. Havia dormido muito pouco. Tirou os sapatos apertados e deitou-se no sofá de couro que ocupava a parede junto à janela. Bocejou, pensou um tanto na escalada do Everest e dormiu como uma pedra.

Sonhou com o Aconcágua, o pico mais alto das Américas. Via Clay ferido, balançando na ponta de uma corda. Num fiapo de voz, o amigo rogava por socorro. Debruçado sobre uma pedra coberta de gelo, Alfredo não conseguia imaginar uma solução de resgate. Ao mirar com mais atenção, achou que o amigo tinha assumido as feições de Genaro. Agora, era o próprio pai quem lhe solicitava auxílio. Agitou-se e, apavorado, gemeu, até que percebeu uma mão lisa e cálida engatada na sua. E, assim, aos poucos, acalmou-se e despertou do pesadelo.

Abrindo os olhos, divisou Júlia, a secretária. Era ela quem discretamente o acalentava. Com um sorriso aberto, a diligente funcionária o advertiu:

– Hora de almoçar. Vai comer no escritório? Prefere que eu faça uma reserva num restaurante? Ah, e uma vez por mês seu pai come com os funcionários, no refeitório da empresa... O que vai ser?

– Não sei... Peça um número 1 do McDonald's pra mim...

– Feito. Então, vá esperar no seu escritório. Não é bom sujar a sala de reuniões com comida. E lave o rosto antes de passar pelo corredor. O senhor está um pouco abatido...

Os primeiros dias de Alfredo na Órion foram vividos numa espécie de entorpecimento. Relatórios não faziam sentido. Comunicações dos diretores pareciam escritas em sânscrito. Olhando para sua sala, o novo chefe via tudo desfocado. As cores pareciam saturadas como nos filmes dos anos 1970. Os quadros na parede pareciam mergulhados na água do mar, exibindo formas indistintas.

Numa sexta-feira, ao final do expediente, mandou chamar um psicólogo e psiquiatra famoso por seus artigos em revistas e jornais. Pagaria uma fábula por uma hora de consulta.

– O senhor me diga: isto tudo aqui existe ou é uma alucinação? – perguntou Alfredo.

– Somente se for uma alucinação coletiva.

– Como assim?

– Pode ser que nada disso exista, mas todos nós acreditamos que sim.

– Dá para ser mais claro?

– Podemos ser programas de um computador – riu o doutor.

– Mas eu desconfio de que tenho consciência. Um programa convencional de computador não teria consciência de si mesmo. Não é?

– Não sei. Um robô, se feito à nossa semelhança em todos os engenhos neurais, também poderia ter uma ideia de consciência, de autoconsciência.

– Mas eu não sou um robô.

– Talvez sejamos todos robôs, máquinas de carne e osso. Quem nos colocou aqui pode ter nos dotado de uma consciência...

– E ela seria a manifestação do espírito?

– Talvez um padre pudesse responder. Descartes dizia que existe um espírito, mas que ele habita a mente das pessoas. Mora lá, entende? Há quem acredite numa consciência apenas material, explicada por fenômenos físico-químicos...

– Bom, um computador, por melhor que seja, não funciona sem um programa. No nosso caso, o programa pode ser o espírito...

– Ou não... Pode ser que o cérebro tenha já um excelente programa operacional, infinitamente superior ao Windows... Nós apenas o alimentamos de informação...

– Mas, se fosse assim, seríamos muito mais parecidos uns com os outros... Agiríamos de forma semelhante...

– Ou não... Esses programas podem ser muito singulares. Convergentes no que é macro, divergentes no que é micro. O mesmo estímulo, portanto, provocaria reações diferentes no indivíduo A e no indivíduo B...

– E o livre-arbítrio? Onde fica nisso?

– Você não controla sua vida?

– Eu não tenho certeza disso. Por vezes, creio que outra pessoa, exterior a mim, toma as decisões. Noutras, creio que sou ator numa peça de teatro cujo roteiro já foi escrito há muito tempo. Alheio totalmente ao que vai ocorrer no momento seguinte, recebo minhas falas de acordo com o interesse do grande "Shakespeare", que realmente pensa o drama. Talvez, ele tenha chamado o senhor aqui. Talvez eu seja apenas um instrumento. Talvez eu nem mesmo exista.

– Mas, se eu beliscar o seu braço, vai doer...

– Isso não prova nada... Sabe, por vezes, suspeito de que eu mesmo tenha sofrido o acidente. Caí ao escalar uma montanha. Bati a cabeça e estou em coma.

– E?

– Se isso for verdade, estou vivendo numa semiconsciência. Nela, imagino que o acidentado é meu pai, que ele é o indivíduo em coma. E, assim, nada disso existe de fato. Não estamos aqui conversando. Estou na cama de um hospital e não consigo abrir os olhos.

– Quer dizer que eu sou apenas uma personagem de seu delírio?

– Pode ser... Pode ser, doutor...

– Bom, mas se este é seu mundo de fantasia, por que não aproveita para vivê-lo bem?

– Bem? O que é viver bem?

– Tentar ser feliz, realizar alguma coisa, trazer alegria para as pessoas que convivem com você nesta "peça teatral".

– E isso vale a pena? E se não for real?

– Se é real ou não, é irrelevante. O que importa é o que diz sua consciência moral, seja ela de um rapaz em coma, seja ela de um executivo que substitui o pai acidentado.

– O senhor quer jogar responsabilidades nas minhas costas...

– Você pode chamar do que quiser. Mas não me parece razoável que alguém fuja dos próprios compromissos utilizando como argumento a teoria de que habita outro lugar, alheio à realidade. Seria mais nobre alegar insanidade e, com atestado médico, abandonar a empresa e a vida social.

– O senhor faria isso? Me daria o atestado?

– Não!

– Mas não duvida da minha sanidade mental?

– Vejo um jovem muito inteligente, cheio de vida, mas também atormentado por traumas que permanecem vivos nos porões escuros da memória.

– E tem cura?

– Tem... Tem, sim... Mas, antes de tomar remédio ou de se deitar no divã, procure conhecer a sua realidade. Enriqueça a sua consciência, entenda o seu lugar no mundo e também o lugar do "outro". Sinta o tempo presente e dialogue com as pessoas que nele transitam.

– Sua intervenção aqui foi péssima, doutor, mas agradeço mesmo assim – disse Alfredo, com um sorriso desacorçoado nos lábios.

– Muito obrigado. Adorei atendê-lo. Acione-me outras vezes. Quem faz o meu cheque?

– Fale com a Júlia, ali. *Hasta la vista*!

Nos dias seguintes, Alfredo resolveu passear pela empresa. Primeiro, visitou os vários escritórios da administração. Conversou pouco com os diretores e gerentes, mas passou quase uma hora trocando ideias com um *motoboy*.

– Há quanto tempo trabalha aqui?

– Faz mais de cinco anos, doutor – respondeu o rapaz, cuja cútis moreníssima e lustrosa chamou a atenção do interlocutor.

– Eu pareço um fantasma branquelo. O que é preciso para ter a pele assim?

– Pelo menos, uns dois avós de origem africana. Depois, é comer bem e tomar um pouco de sol, sem abusar.

– Gostei. E mora onde?

– Lá na periferia, onde Judas perdeu as botas...

– Quanto ganha?

– Isso aqui, olha... – disse, mostrando o contracheque.

– Só isso? E dá para viver?

– Eu, minha mulher e dois pequenos. Ela ajuda, né... Faz bolos de casamento para vender.

– E o que você gosta de fazer nas horas de lazer?

– Futebol, no fim de semana.

– Ver ou jogar?

– Os dois. Gosto até mais de jogar.

– Posso jogar também?

– O senhor? Lá é várzea. O pessoal pega pesado. É tranco, porrada, esfolada... – ponderou o rapaz, mal contendo a gargalhada.

– Não faz mal... Eu quero conhecer. Quero ter consciência de tudo.

– O senhor é o patrão. O senhor manda.

– Bom, então, agora eu vou na sua garupa. Hoje, vou fazer as entregas de documentos contigo.

– O quê?

– É, eu vou viajar na moto contigo. Vou pela cidade ver o que rola...

Houve um momento de silêncio. Júlia providenciou uma jaqueta de couro e um capacete para o chefe. O restante do dia foi vivido em ultrapassagens perigosas e curvas fechadas no trânsito da cidade caótica.

– Não abre a porta assim, babaca! – gritou Alfredo a um motorista desatento, numa das últimas provas da aventura sobre duas rodas.

No domingo, foi ao bairro do Capão Seco para participar do jogo de futebol. Deram-lhe a chance de jogar por 45 minutos. Tomou cotovelada, empurrão e até bico no traseiro. Apesar da falta de intimidade com a redonda, conseguiu meter uma bola na trave, lance que comemorou como um gol. Ao final da partida, tomou cerveja e comeu o autêntico e saboroso "churrasco de gato" da periferia.

Na segunda-feira, compartilhou a experiência com Júlia, que o incentivou a prosseguir na aventura dialética de reconhecimento do outro. Dias depois, Alfredo decidiu visitar o setor de embalagens de papel-toalha da fábrica 3. Ali, encontrou um senhor de idade avançada, enfiado em calças de tergal e coletinho de couro.

– Mas espera aí, o senhor é o seu Chávez? Acabei de perguntar do senhor para o gerente de produção!

– Hum... Sou eu mesmo. E você, quem é?

– Sou o Alfredo. Lembra-se de mim?

– Alfredinho?

– Isso, eu e a Letícia vínhamos aqui quando crianças. A gente aprontava nas sobras de fios.

– Nossa, se lembro, como não? Mas você cresceu, hein?

– E o senhor diminuiu... – brincou Alfredo, logo se arrependendo do que dissera.

– É, eu fico muito tempo debruçado sobre essas máquinas... Minhas costas se envergaram... Anos e anos de trabalho duro...

– Olha, o senhor me desculpe. Foi uma brincadeira sem a menor graça... Eu queria...

– Que nada, moleque! Esquenta com isso, não!

– Bom, na verdade, o senhor sempre foi muito atencioso conosco. E sei que a fábrica 3 deve muito ao senhor. Foram várias gerações de operários que o senhor ensinou, treinou e coordenou. Sem a sua persistência, não teríamos conseguido lançar o coaxial B14... Pelo menos foi o que o Armando me contou...

– É, mas o meu fim aqui na empresa está chegando.

– Bom, o senhor merece se aposentar... Depois de tanta dedicação...

– Não, senhor. Eu não quero me aposentar, não. Estou um pouco curvado, é *vero*, mas tenho experiência e cuido dessa ala de máquinas melhor do que qualquer engenheiro de 25 anos de idade... Eu comecei com os brinquedos, sabe... Depois, quando compraram a fábrica de fios e cabos, eu fui designado para coordenar uns projetos aqui... Era temporário, mas fui ficando, ficando, e fiquei...

– Mas vai sair por qual motivo, então?

– Eles querem me botar na rua. Me colocaram na lista dos 10% disponíveis... Nem sei o que vou fazer em casa. Sabia que agora, no mês passado, fiquei viúvo?

– Não sabia... dona Virgínia, dona Clara, não... Não, dona Guiomar! Era esse o nome da sua esposa, não era? Lembro-me dela perfeitamente. Eu sinto muito. Sinto mesmo. Não sei bem o que dizer. Estou começando a me inteirar da situação. O senhor me desculpe, mas preciso retornar ao escritório.

No pátio largo, Alfredo viu aproximar-se o brilhante carro preto. Olhou para o galpão, suspirou e ingressou no veículo. Pela janela traseira, viu distanciar-se e apequenar-se a figura marcante de Chávez, cuja face mesclava tristeza e resignação. Aos poucos, começava a compreender a complexa realidade da Órion. Saber era bom, mas também doía, gerava incrível sofrimento. O conhecimento do outro incluía a partilha de paixões e prazeres, mas também de receios e desventuras. Alguma coisa estava fora da ordem...

O Capítulo 2 do livro sobre a Órion demorou algumas semanas para sair. Leila e Gasalla foram à casa de Nelson na esperança de que novos segredos da família Martín Vásquez fossem revelados. Nelson estava só naquela quarta-feira. Sofia, a empregada, ficara em casa, recuperando-se de uma gripe.

– Onde está a gata Sayuri? – perguntou Leila.

– Bom, ela não tem noção de propriedade privada – disse Nelson. – Deu agora de andar pelos telhados e visitar as casas do quarteirão. Entra na sala de um, deita-se tranquilamente no sofá e fica por lá. De vez em quando, avisam-me por telefone e vou resgatá-la, não sei se constrangido pelo incômodo ou orgulhoso pela autonomia da bichana.

– Mas você não fica preocupado? – indagou a amiga.

– Ficar eu fico, mas eu confio. Sei que ela acaba voltando para casa uma hora ou outra. É uma gata anarquista. Gosta de viver no coletivo, sem chefe.

– E o texto? Queremos ler! – disse Gasalla, já tirando os óculos da valise.

Nelson havia produzido duas cópias, que prontamente entregou aos amigos. Enquanto o capítulo era lido pela dupla, preparou um macarrão à carbonara. Em seguida, sentaram-se à mesa para comer e conversar sobre a leitura.

– Mas esse Alfredo... Que sujeito mais atrapalhado – criticou Gasalla.

– Ah, mas pelo menos ele se esforçou para entrar no esquema, não é? – retrucou Leila, em defesa do jovem executivo.

– É um sujeito provavelmente mais complexo que o pai – observou o professor.

– Espero que tenham percebido como todo o capítulo gira em torno da questão da consciência – destacou Nelson, enquanto enchia as taças com vinho siciliano.

– Sim, tem muitos exemplos ali que podem ilustrar perfeitamente esse atributo. Vão servir bem ao nosso trabalho. Nesse momento, talvez em função do trauma gerado pelas circunstâncias, o Alfredo lida de forma muito confusa com a consciência. Ele mistura o fato vivido com o sonhado. Tem uma interpretação supersticiosa da realidade – avaliou o professor.

– É por conta da insegurança, da falta de confiança em si mesmo – analisou Leila. – Ele vive com medo e assim prefere alienar-se. Foi pego de surpresa. Sua mente e seu espírito não estavam preparados para assumir uma responsabilidade tão grande.

– Particularmente, eu creio que ele teve alguns surtos nessa época. Pirou mesmo – opinou Nelson.

– O ser consciente é capaz de avaliar as consequências dos próprios atos e responsabilizar-se por eles, o que é uma característica do adulto maduro – disse Gasalla. – E ele começa essa transição agindo como uma criança. Eu não lhe daria, naquele momento, a supervisão de uma quitanda.

– Mas de certa forma ele ainda é um garotão – interveio Leila.

– Quase 30 anos nas costas – informou Nelson.

– Mas aí não conta a idade cronológica, meu amigo – retrucou ela. – Ele vivia sua *dolce vita* juvenil quando se viu obrigado a tomar atitudes de um adulto. Afinal, o que é a maturidade? É saber o que não queremos e o que queremos da vida, saber o preço das coisas desejadas e estar disposto a pagar esse valor. E não é fácil ter esse discernimento.

– Sim, o problema é bem complexo. Em geral, a gente tem uma ideia do que quer, mas a sociedade nos exige a representação dolorosa de outros papéis. Esse Alfredo do capítulo é o cara do alpinismo, não é o CEO engomadinho – ponderou Nelson.

– Pelo menos no início desta narrativa – notou Gasalla –, ele tem uma ideia parcial, muito enevoada da realidade. São fugas e mais fugas quando mais precisam dele. Falta-lhe o "querer do saber". Como disse Fritz Perls, "sem a tomada de consciência, não há nada; nem conhecimento de nada".

– Ele vive um momento difícil, Gasalla – divergiu Leila. – Será que dá para julgá-lo numa crise como essa?

– Sim, é uma situação especial, mas naquele momento ele mostra que seus decodificadores não estão bem programados – respondeu o acadêmico. – Ele pode ser equiparado a uma ótima TV que não está sabendo captar os sinais da antena. Ele não mostra respeito pelas pessoas. Na situação de estresse, não compreende as suscetibilidades dos semelhantes. Não tem paciência com os interlocutores. Escuta pouco. Não entende as diferenças e não as acolhe.

– Ah, mas você está sendo muito rigoroso com ele – protestou Leila.

– Aí, tem uma questão dialética, para além dos comportamentos do garotão mimado – respondeu o professor, ajeitando um grande guardanapo xadrez sobre o peito.

– Qual? – perguntou o escritor.

– Nessa fase, ele não demonstra ser consciente da natureza do outro. Não tem respeito pela individualidade das pessoas – criticou Gasalla, com veemência, partindo um pedaço do pão italiano para aproveitar o molho na borda do prato.

– Estamos vendo somente uma parte da história, que é essa que gerou uma imagem ruim do rapaz. É preciso analisar tudo de forma mais integral – objetou Leila.

– Então, eu até concordo contigo – disse o professor. – Mas estou seguindo a ordem dos acontecimentos. Nesse primeiro momento, ele está entorpecido. Feito gestor contra sua vontade, ele não entende o que deve administrar. E, afinal, como fazer isso se ele nem mesmo sabe gerir a si próprio? Todo esse período, creio eu, é de busca e descoberta. Ele procura, meio sem jeito, compreender a situação em que foi colocado. Mas não logra entender as pessoas e suas motivações.

– Ele não entende bem a si mesmo – observou Nelson.

– Sim, encontramos o princípio dessa confusão – disse o professor. – E, como dizia Krishnamurti, "se não entendemos nossa estrutura íntima, nossa psiquê, nosso sentir e nosso pensar, como seremos capazes de entender outras coisas?"

– Nessa fase da vida narrada no capítulo, ele tampouco tem consciência de como afeta a vida das outras pessoas – opinou Nelson, empolgado com o debate.

– Se a nossa consciência é depositada no outro, nós o transformamos – observou Gasalla. – Começamos a transformar a realidade adjacente. Jorge Blaschke, autor de *Afinal, o que você sabe?*, afirma que, da mesma forma que modificamos uma partícula quando a observamos – coisas da física quântica –, também modificamos o universo de outra pessoa ao observá-la. Somos capazes de influir na vida de outros seres vivos em muitos níveis. Essa influência depende de quanto nos importa o objeto em foco e da correta utilização de nossa mente.

– O olhar do amor, por exemplo, pode ter efeitos claros e visíveis nas pessoas – explicou Leila. – É o caso do enfermo que subitamente melhora quando é confortado por um ente querido.

– Mas muita gente ainda duvida desse poder – observou Gasalla. – As pessoas não têm tempo para pensar na própria consciência e muito menos na consciência dos outros.

– Pensar na consciência? Não entendi essa parte – disse Nelson.

– A consciência mora em nós – explicou Gasalla. – Temos acesso direto a ela. Se ela não se abre, podemos forçar a porta, ver o que se esconde lá dentro, mesmo que com a ajuda de um *coach*, psicólogo ou psiquiatra, como fez Alfredo. Agora, no caso da consciência dos outros, é mais difícil. Há uma linha tênue entre o amigo confidente e o amigo intruso. Se alguém identifica a voz do outro como invasora, tende a se trancar ou criar falsas imagens da sua consciência.

– Mas voltemos à história da enfermidade – disse Leila. – Acredito piamente que ela surge primeiro como um esboço de ideia, na cabeça do doente.

– Não tenha dúvida – disse Gasalla. – No livro *História cultural da enfermidade*, Marcel Sendrail afirma que as doenças humanas não são geradas somente por fenômenos físicos e tangíveis. Elas surgem também em razão de pensamentos repetitivos autodestrutivos, que provocam desequilíbrios no organismo. O sistema mais frágil logo sofrerá esses efeitos e causará sofrimentos ao indivíduo.

– Bom, resumindo, quer dizer que esse território da consciência precisaria ser mais aproveitado, como um latifúndio improdutivo? – perguntou Nelson.

– É bem isso – disse Gasalla, gargalhando. – O escritor Mario Benedetti diz que a consciência é o território a submeter, a invadir, a conquistar. Isso porque nossas consciências permanecem boa parte do tempo alugadas para os interesses dos outros, muitas vezes para o benefício do sistema. Nos dias de hoje, a consciência está quase sempre cercada com arame farpado. Seu acesso está vetado aos próprios donos. Há, pois, que se gerar mais tempo para o ócio criativo. Precisamos nos assenhorear da consciência para desenvolver o raciocínio, refletir sobre a dúvida, exercitar a sensibilidade e vivenciar a cultura.

– Não me esqueço de algo escrito por Stephen Levine – disse Leila. – Segundo ele, a pessoa presente no tempo se dá conta, logo cedo, ao levantar-se, do grau de medo ou de felicidade que sente; ou percebe claramente a mistura de ambos. Isso equivale a palmilhar o tal território da consciência.

– Mas me parece que Alfredo, em muitos momentos, vive muito longe da própria consciência – sugeriu Nelson.

– Isso é inegável – disse Leila. – Mas tem uma metamorfose importante aí. Ele demonstra interesse em sair do "Matrix", em tirar a fumaça da frente. Essa conversa com o psicólogo indica esse desejo autêntico de desanuviar a consciência.

– Sim, de fato – afirmou o professor. – Mas é bom deixar claro que a consciência não se resume no saber de si. A consciência, especialmente numa empresa, tem muito a ver com o saber sobre os outros. São esses exercícios dialéticos que permitem a um indivíduo sentir o que o outro sente. E mais... Eu diria que é preciso prestar atenção no outro, aceitando suas diferenças.

– Ora, mas ele não acaba vivendo essa aventura ao se misturar com os funcionários menos graduados? – pergunta Leila.

– Pode ter sido também diversão, mas o passeio com o *motoboy* representou, sim, uma experiência de consciência compartilhada, de ver o mundo pelos olhos de outra pessoa – admitiu Gasalla.

– Então, acho que isso é o mais importante. Ele teve essa disposição para conhecer o outro lado da empresa, de vê-la por outros olhos – advogou Leila, enquanto se servia de mais um pedaço da berinjela recheada.

– Nas redações em que trabalhei, os melhores chefes, os mais conscientes, eram aqueles que se colocavam no lugar dos repórteres. Eram aqueles que entendiam as nossas necessidades, que se mostravam mais disponíveis para discutir nossas demandas – relatou Nelson.

– Isso vale para qualquer empresa, amigo – disse o professor. – Porém, hoje, os fatos se sucedem com grande velocidade. Tudo é passageiro. Tudo é efêmero. Os chefes departamentais não se colocam no lugar de ninguém. Correm atrás de pequenos resultados para gerar bons números trimestrais para os CEOs, estes pressionados por grupos de acionistas e analistas financeiros. Então, nessas rotinas malucas, muita gente liga o piloto automático.

– E o resultado disso qual é? – perguntou Leila, já sabendo a resposta.

– O resultado é que muitos desses executivos viram autistas – respondeu Gasalla, apoderando-se do último pedaço da berinjela. – Não veem, não escutam e não sentem o outro, mesmo que o sujeito trabalhe na sala ao lado. Muitos olham o mundo somente pela janelinha iluminada do computador. Alguns têm consciência deturpada da realidade, acreditando que ela se manifesta somente em gráficos, tabelas e dados de cotações.

– Particularmente, adorei a iniciativa de andar com o *motoboy*. Foi ver o pega pra capar nas ruas. Sentir o drama. Eu não faria isso de jeito nenhum... Deus me livre... – comentou Leila.

– Sim, esse fato foi marcante – concordou o professor. – Mas considero ainda mais importante o tal jogo de futebol. Ali, foi menos uma loucura e mais uma investigação sociológica. Ele foi ver o lugar onde vivia o rapaz. Conheceu seus amigos, ouviu o dialeto da periferia, provou a comida local. Ali, foi um mergulho na realidade, fundamental para o despertar da consciência.

– Ah, sim. E, depois de levar umas caneladas, ele seguramente jamais vai esquecer das lições – brincou Nelson, levantando-se para pegar a sobremesa.

– Mas você é um rapaz prendado, hein, Nelson! – admirou-se Leila ao provar o doce. – Comprou onde esta delícia?

– Nada... Eu que fiz. Receita de minha avó. *Tiramisu*...

– Você quer me ver gorda, é? Seu safado! – ralhou Leila, bem-humorada.

– Depende da sua consciência, amiga. Pode comer um tiquinho ou limpar a tigela... – respondeu o escritor, rindo.

Gasalla já se lambuzava satisfeito quando continuou seu comentário:

– O mais bonito aí, nessa visita ao bairro popular, é que ele faz isso sem intenção de propagandear-se, sem demagogia e sem hipocrisia. Ele age com respeito e interesse genuíno por um colaborador. E isso é mais interessante ainda porque seu guia é um rapaz de um estrato social inferior.

– Perfeito! – disse Leila. – Tanto o comentário quanto o *tiramisu*. Estar consciente é estar presente. É dar-se conta do que é diferente de nós, da saudável divergência de visões de mundo. É compreender o outro em seu contexto. É entender que a nossa realidade não vigora necessariamente em outras mentes e espíritos.

– De fato – adendou Nelson. – Esse mundo que percebemos existe somente na nossa consciência, no cineminha cerebral. Portanto, pode ser que isto tudo seja mesmo apenas um sonho – brincou, repetindo as dúvidas de Alfredo.

– Ah, não é não, meu filho – respondeu Leila. – Nunca vi um sonho tão bom de tempero. Nunca servem jantares assim nos meus sonhos.

– Então, para não ficar nenhuma dúvida – destacou Gasalla –, o rapaz merece boa nota por viajar ao mundo do colaborador, identificar as diferenças...

– E buscar compreendê-las – completou Leila. – Palmas para o Alfredinho!

– E deve-se registrar o fato de que ele questionou seus próprios valores e crenças ao visitar outros cenários – observou o professor Gasalla. – Na garupa da moto, ele foi descobrindo o que podia e o que não podia fazer. Foi checando suas habilidades enquanto vivenciava a experiência profissional do garoto.

– E é mesmo difícil ter essa consciência dos próprios talentos? – indagou Nelson.

– Nem sempre é tão simples alcançar esse conhecimento – opinou Gasalla. – Lembro-me, palavra por palavra, de um ensinamento de Peter Drucker sobre essa questão: "Muitas pessoas creem saber para o que são boas. Mas, em geral, se equivocam. É mais frequente encontrar pessoas que não sabem para o que são boas".

– Sim, creio que ele tenha razão. Bom, mas ainda tem a história do Chávez... – lembrou Nelson.

– Bem, aí tem outra busca de compreensão – disse o professor. – No caso do *motoboy*, a questão era de diferença social, cultural e econômica. Em se tratando do Chávez, a questão é também de faixa etária. Ele presta atenção à experiência do outro mais maduro, mesmo sendo um colaborador do estrato gerencial médio.

– Esse é um belo aprendizado – disse Leila. – Valeria para muitos executivos que se vangloriam em botar na rua os colaboradores mais maduros. É gente que joga no lixo um dos maiores patrimônios da empresa, que se desfaz do conhecimento testado e acumulado.

– E tem outro fato importantíssimo – agregou o professor, detendo-se pensativo.

– O que é? – perguntou Nelson, enquanto olhava pelo vitrozinho da cozinha, na esperança de localizar sua Sayuri.

– Nessa passagem, ele procura também entender as razões do humano que está por trás do funcionário Chávez, que não é visto ali somente como uma peça na engrenagem de produção – disse Gasalla. – Ser consciente, portanto, é também atuar de forma que o outro se sinta bem, deixando que se expresse livremente. Ser consciente é formular perguntas que demonstrem genuíno interesse, aceitando o limite das respostas. É alegrar-se com os êxitos do outro. É oferecer apoio para que corrija suas falhas. Mas aí há um perigo. Não podemos confundir essa postura generosa com a inocente complacência, com a transigência em questões essenciais. Nessas situações, podemos negar nossa própria consciência. E isso não vai ajudar o outro. Pelo contrário, essa postura vai estimulá-lo a se manter no mesmo lugar.

– Creio que o Alfredo não incorreu nesse erro – ponderou Leila. – Bate um coração bom, mas também esperto, no peito do Alfredo, pelo menos nesse capítulo da história. Ele escuta, é respeitoso, procura entender as diferenças, relaciona o passado, o presente e o futuro, enxerga a pessoa por trás do funcionário e, por último, começa a compreender a complexidade do mundo que o cerca.

– De fato. É bem por aí – concordou o professor. – A riqueza da consciência está em poder abarcar a diversidade. Se ela é suficientemente desenvolvida, é capaz de considerar inúmeros universos paralelos, o seu próprio e o dos outros. Nessa aventura, Alfredo percebeu que muitos clãs de ideias e interesses coabitavam na Órion, assim como hoje eu descobri que dentro desse escritor vive um formidável cozinheiro.

QUADRO 2

PARA TER CONSCIÊNCIA

- Procure sempre determinar **seu lugar no mundo**. Lembre-se de que esse lugar não é somente físico.
- Tente determinar **o lugar dos outros** no mundo.
- Verifique se o espaço que você ocupa **beneficia** ou **prejudica** os outros.
- **Projete-se** nos outros. Não importa se é o presidente da República ou um humilde faxineiro. Procure ver o mundo pelos olhos do "outro". **Valorize** suas razões.

- Meça as consequências de seus atos. Assuma a **responsabilidade** por eles.
- Não tenha receio de **admitir culpas**. Disponha-se a corrigir-se.
- **Peça desculpas** se necessário, aos de "cima" e também aos de "baixo".
- Procure saber **o que deseja da vida** e avalie o preço desse sonho.
- Desligue o "piloto automático", pelo menos de vez em quando. **Assuma o controle** de fato. Esteja presente.
- Viva o **momento**. Não consuma as energias do compromisso futuro.
- Limpe a mente de preconceitos e a **percepção da realidade** lhe será mais clara.
- Preste atenção ao que é divergente e **respeite o outro** em suas diferenças.
- Aceite que **você só conhece** um mapa do território.

CAPÍTULO 3

A cor da clareza

A ÓRION DO SÉCULO 21 ERA UMA EMPRESA QUE LANÇAVA SEUS TENTÁCULOS AOS MAIS DIVERSOS SETORES PRODUTIVOS. TINHA UMA FÁBRICA DE FERTILIZANTES, UMA DE FIOS E CABOS, OUTRA DE AUTOPEÇAS E MANTINHA, BRAVAMENTE, O NEGÓCIO QUE DERA ORIGEM AO GRUPO, A OFICINA DA ALEGRIA, A MAIS ANTIGA INDÚSTRIA DE BRINQUEDOS EM ATIVIDADE NO CONTINENTE.

Numa manhã quente, em janeiro de 1924, Manolo Martín Vásquez desembarcou no Brasil depois de uma longa viagem de navio. Carregava na bagagem duas camisas, duas calças, duas ceroulas, dois pares de meia, um relógio suíço quebrado e um pequeno boneco de madeira e pano, presente do pai no Natal de 1910. Trazia US$ 48,25 no bolso esquerdo do colete surrado e estava acompanhado de Tereza, sua esposa, com quem se casara um mês antes de embarcar para o Brasil.

Nos primeiros meses, o casal viveu no porão da casa de um primo de segundo grau. Depois, alugou um quarto com banheiro no bairro operário da região leste da cidade. Naqueles tempos, Manolo trabalhou como marceneiro, peixeiro e até como limpador de fossas;

Tereza, como costureira e cozinheira. Em 1925, nasceu Gertrudes, logicamente bem-criada pelos pais, mas não sem a providencial ajuda das outras mães do cortiço, babás generosas e gratuitas. No ano seguinte, nasceria Ramón; dois anos depois, Sofia.

Em 1929, ano do *crash* da Bolsa de Nova York, Manolo trabalhava na montagem de equipamentos para uma exportadora de grãos. Sem os clientes norte-americanos, a empresa faliu. Na semana seguinte, Manolo arranjou emprego no Mercado Municipal, como carregador.

Num dia chuvoso, enquanto pisava na lama da rua para retirar de um caminhão a carga de banana, viu aproximar-se um fordinho preto e dele apear um grupo de rapazes elegantemente vestidos, protegidos por capas de gabardine e amplos guarda-chuvas. O bando se colocou sob a marquise e se divertia assistindo à faina dos trabalhadores braçais.

– Quem são esses aí? – perguntou Manolo, desconfiado, ao amigo Gino.

– Esses são os “engomadinhos”. Não trabalham. Filhos dos ricaços da cidade. Gente com quatrocentos anos de reinado...

No grupo de trabalhadores, havia um negro alto e coxo, Sebastião. Era forte como um touro, mas arrastava uma perna, defeito resultante de um acidente na oficina de manutenção ferroviária.

Os janotas logo se puseram a imitar o manco, rindo à beça. Sangue quente, Manolo começou a irritar-se, bufando e rangendo os dentes. Como a mofa não bastasse, Laércio, filho do chefe de polícia, resolveu correr à rua e esticar o cabo do guarda-chuva no caminho de Sebastião. O tombo foi feio. O corpanzil carimbou o barro e cobriu-se por dois cachos de banana. A turma gargalhou alto e comemorou a façanha.

Manolo socorreu o amigo e decidiu tirar satisfações com os pomposos baderneiros.

– Deixa disso, homem... Não está vendo que é tudo filho de magnata? – interveio Gino, tentando acalmar o parceiro.

– Pouco me importa. Cadê a minha dignidade? – respondeu Manolo, com os olhos injetados de sangue.

– Vem cá, camarão... Vem cá, camarão vermelho... Vem limpar nossas botas – provocou Colombo, filho do poderoso Ernesto Machado, proprietário do Lanifício Algarve.

Manolo pisou forte a lama, determinado a verbalizar seu protesto. Antes que pudesse abrir a boca, entretanto, Laércio aproximou-se sorrateiramente por trás e baixou-lhe as calças e a larga cueca de linho. Os janotas riram até não poder mais. Enquanto corria para esconder-se atrás do caminhão, foi novamente agredido. Camilo, filho do administrador do jóquei clube, alvejou-o com um charuto aceso, tostando-lhe um dos glúteos.

Dois minutos depois, os jovens preparavam-se para partir, certos da impunidade. De repente, entretanto, Manolo retornou ao átrio, munido de um pé de cabra. Enlouquecido, passou a destruir os caixotes que via pelo caminho. Nessa hora, juntou gente para assistir ao espetáculo e, se possível, atiçar os contendores. Gino tentou mais uma vez intervir, mas quase foi golpeado pelo amigo.

De repente, a pesada ferramenta escapou das mãos de Manolo e abriu um rombo nos vitrais do prédio. Os rapazes suspiraram aliviados, imaginando que pudessem ser poupados. Ledo engano. Munido de dois pesados cachos de banana, um em cada mão, Manolo soltou um berro animal e investiu contra o trio... Plonc... Plaft... Plunc... A surra foi de dar gosto. Ao tomar uma lapada na orelha, Laércio cambaleou e acabou caindo no meio-fio. Foi a oportunidade.

Manolo agarrou-o pelos cabelos e afundou sua cara sonsa e bem--afeitada no lodo. Em seguida, antes que o rapaz se levantasse, num ato supremo de humilhação, urinou sobre o desafeto.

Nessa hora, a multidão veio abaixo em palmas e urros de contentamento. Enquanto o grupo de engomadinhos se escafedia, Manolo era carregado nos ombros dos colegas, num ruidoso festejo. A proeza ficou conhecida como "A hora da bananada" e converteu-se em capítulo do folclore do Mercado.

Os momentos de júbilo, entretanto, duraram pouco. Na manhã seguinte, Manolo foi demitido. Antes do almoço, acabou capturado pela polícia. Permaneceu encarcerado por 34 dias, período em que recebeu várias sovas. Saiu por conta dos esforços de Tereza, que chegou a dormir em frente do consulado e vendeu a máquina de costura para contratar um advogado.

Ao recuperar a liberdade, o imigrante estava marcado como uma pessoa de pavio curto e arruaceiro. Por mais que procurasse, não encontrava trabalho. Numa sexta-feira de garoa fina, derreado pela dor na coluna, não saiu em busca de emprego. Sentado num banco do pátio interno do cortiço, deixou-se levar pelas reminiscências. Via-se criança, ao lado do pai, homem quieto e barbudo, cuja vida fora dedicada a construir mesas e cadeiras.

Então, entre as lágrimas que secava nas mangas, viu movimentar--se lepidamente um grupinho de crianças, no meio das quais saltitava a sua Gertrudes. Foram esconder-se atrás dos tanques de lavar roupa. Com fósforos surrupiados de uma mãe ausente, tentavam atear fogo a uma pilha de madeira. Ao prever a traquinagem, Manolo dispersou o grupo e não poupou a filha de umas palmadas.

Depois, arrependeu-se. Praguejou. Acendeu um cigarro e ficou pensando no que tinha feito. O olhar contrito, entretanto, logo se fixou nas tábuas e sarrafos coletados pela petizada. De repente, deu um salto e correu até o quarto. Ajoelhou-se ao lado da cama e puxou sua caixa de ferramentas. Pôs-se em ação. Serrou, martelou, parafusou, desbastou, lixou... Já era quase noite quando conseguiu emprestados dois copos de tinta e um pincel. E, assim, pintou uma crina, dois olhos, um nariz estufado e um arreio.

Quando chegou do trabalho, Tereza encontrou Gertrudes balançando sobre um caprichado cavalinho de madeira. A menina tinha as mãos sujas da tinta ainda fresca. Crianças da casa e dos vizinhos esperavam em azáfama a vez de experimentar o novo brinquedo.

Encostado à porta da cozinha, Manolo tinha um ar gabola. Parecia dizer: "Fui eu que fiz, viu?" Esse episódio renovou-lhe a energia e a esperança. No dia seguinte, foi catar pedaços de madeira nas ruas. À noite, construiu um segundo cavalo. Na semana seguinte, construiu mais sete, alguns maiores, outros menores. Numa sexta-feira ensolarada, amarrou-os com ráfia numa vara taluda e saiu para o centro da cidade. Retornou à noite, de mãos vazias, mas com o bolso cheio. No dia seguinte, um sábado, toda a família experimentou sorvete de chocolate.

Assim começou a Oficina da Alegria. Essa foi a origem da poderosa Órion. Depois de um mês, Manolo alugou um velho galpão e instalou sua fabriqueta. Nos primeiros dias, trabalhou sozinho. Até que contratou um ajudante, seu vizinho de porta no cortiço. Cinco meses depois, deu emprego ao negro Sebastião e ao Gino. Passaram a diversificar a produção. Fabricavam também casinhas de boneca, bastões e carrinhos com rolamentos metálicos. O lema da empresa era: "Ganhe dinheiro, mas honestamente, sempre fazendo uma criança feliz".

Manolo, aos poucos, foi adquirindo máquinas e ferramentas mais sofisticadas. Vivia sem luxo e investia os lucros no fortalecimento da empresa. Por volta de 1939, começou a fabricar também brinquedos de metal. Logo depois, passou a utilizar a borracha como matéria-prima. O ritmo dos negócios foi drasticamente reduzido na época da guerra, mas Manolo não demitiu ninguém. Por três anos, realizou duros esforços para manter o grupo que chamava "minha segunda família".

Como empreendedor, Manolo era uma usina de força, capaz de trabalhar 24 horas seguidas na montagem de um novo equipamento. Como gestor, tinha também suas virtudes. No entanto, não se pode dizer que fosse grande estrategista ou excelente vendedor. Não gostava de adular clientes e raramente concedia descontos. Costumava cobrar o que julgava justo.

Com os colaboradores, tinha uma relação muito franca. Se a empresa enfrentava um problema de fluxo de caixa, relatava o fato aos empregados. Se cometia um erro nos cálculos de produção, admitia sua falha e tentava aprender com o episódio. Foi assim em novembro de 1946, quando convocou todos a trabalhar aos domingos e feriados. Como sua expectativa de demanda para o Natal não se confirmou, fechou o ano com um enorme encalhe. No primeiro dia de janeiro, reuniu os 57 funcionários e pediu desculpas pelo ocorrido. Em seguida, deu uma semana de férias remuneradas à turma do chão de fábrica.

Para Manolo, as cartas tinham de estar sempre sobre a mesa. Expunha com clareza a missão da empresa e as regras do jogo. Dizia, por exemplo, que a companhia nunca produziria armas de brinquedo. Segundo ele, isso "estragava" as crianças e tornava o mundo mais perigoso.

Mesmo sem jamais ter cursado uma escola de Administração, fazia circular capilarmente a informação e o conhecimento. Quando

Sebastião aprendeu a utilizar a modeladora de metal, pediu-lhe que ensinasse outros três funcionários da área a operar o equipamento. Sempre claro em suas determinações, não deixava espaço para interpretações equivocadas de suas ordens.

Tinha, por exemplo, especial cuidado com Mauro Bertollo, antigo colega da peixaria, conhecido como "Trapalhão" por conta das entregas invertidas. Se o cliente encomendava um quilo de pescada, lá ia Bertollo com quinhentos gramas de sardinha. Costumava errar também nos trocos, devolvendo mais ou menos aos fregueses. Manolo decidiu enfrentar o desafio e fazer do amigo um bom funcionário. Certa vez, ouviram-no em dedicada missão de catequese:

– Mauro, ouça bem. Vou repetir tudo pela terceira vez, que é para você não errar. Essas aparas de metal devem ser coletadas diariamente, depois das seis da tarde, e estocadas no galpão C. Todas as segundas-feiras, às oito da manhã, colocamos essas sobras no caminhão verde e levamos até a metalúrgica dos irmãos Marchezzi, na esquina da Rua do Cristal com a Avenida Imperador. Eles descarregam o material, pesam e imediatamente emitem um cheque. Você o pega, retorna para cá e entrega na mão do Paulo, o contador. Certo? Alguma dúvida?

– Todas as aparas? Até as pintadas?

– Até as pintadas...

– Tá bom... E quem é que faz o cheque lá?

– É o rapaz do escritório. Fica no primeiro andar. Você sobe a escadinha de ferro da garagem e fala com ele.

Mauro trabalhou nessas e outras rotinas por dezoito anos e nunca cometeu um erro sequer. Um dia, quando saía da metalúrgica dos Marchezzi, sentiu uma aguda dor no peito e foi socorrido por uma ambulância. Morreu logo após dar entrada no hospital.

O enfermeiro que o atendeu, no entanto, apareceu na Oficina da Alegria, no dia seguinte. Trazia nas mãos um envelope.

– Estou procurando o Paulo, contador. O último pedido do seu Mauro foi que eu lhe entregasse essa encomenda.

A HISTÓRIA DA ÓRION nunca tinha sido corretamente contada. Alfredo sabia desses acontecimentos, sim, mas de maneira nebulosa. Alguns fatos tinham sido narrados pelo pai, outros, pelas tias, alguns, pelos funcionários mais antigos. Além disso, nunca tinha atentado para a importância da coragem do avô na implantação da cultura corporativa.

– Júlia, o que você sabe sobre o velho Manolo? – perguntou, certa vez.

– Eu não tive muito contato com ele, mas diziam que não tinha papas na língua.

– Era grosseiro?

– Não, não exatamente. Podia até dizer as coisas na lata, mas era respeitoso. Dizem que nunca pronunciou um palavrão dentro da empresa.

– Ah, nisso eu não acredito, porque o meu pai...

– O seu pai é o seu pai... Não confunda Genaro com Manolo.

– Júlia, em 2010 a empresa vai completar 80 anos... Estava pensando... Acho que a gente tinha de resgatar essa história toda. Fazer um livro de ouro... Seria fundamental para recuperar antigos valores...

– Gostei, gostei... Quero ser entrevistada. Mas eu sou uma simples secretária, não entendo dessas coisas. Fale com seu cunhado, o Armando. Ele é o homem da comunicação, não é?

NUMA SEGUNDA-FEIRA DE DEZEMBRO, Alfredo perdeu a hora novamente. Todos os diretores o esperavam para a reunião mensal. Para variar, saiu de casa sem tomar café e sem alimentar Balão, o obeso e entediado golden retriever com quem dividia o vasto apartamento. No carro, bebeu Coca-Cola e comeu um bolinho de chocolate. "Este carro está ficando uma nojeira, mais parece um balcão de lanchonete", pensou, vendo um pacote de biscoitos aberto no banco do passageiro e uma embalagem de batatas fritas escapando do porta-luvas.

Chegou esbaforido, mais uma vez. E pronunciou a seguinte frase:

– Então, senhores, o que vamos fazer?

Júlia, que distribuía os relatórios de produção entre os presentes, respirou fundo e não escondeu o semblante de insatisfação. "Afinal, será que um dia esse menino vai ser capaz de virar um líder?", questionou-se mentalmente.

Havia na empresa um diretor obeso e calvo, de voz grave, que Júlia, às escondidas, costumava chamar de "Poderoso Chefão". Mário Machado era seu nome. Era um executivo sem departamento. Ocupava o cargo de "diretor de assuntos corporativos", denominação vaga que lhe permitia meter o bedelho em todos os assuntos. Havia anos era o principal conselheiro de Genaro e, não raro, seu confidente.

Machado metia medo nas pessoas. Não se sabia bem o que pensava nem como agia. Era uma espécie de sombra espessa que vagava pela empresa. O próprio Armando dizia à mulher que sentia calafrios quando precisava despachar com o sujeito. Costumava perguntar à Letícia:

– Afinal, de onde veio essa morsa? Por que tem toda essa influência?

– Eu também não sei. Ninguém sabe. É um mistério... – respondia.

Alfredo nunca tinha prestado muita atenção à figura. Naquela reunião, entretanto, viu seu ar enigmático e preocupou-se. Batendo os dedos nervosamente na mesa, lançou a pergunta:

– Machado, você tem alguma ideia sobre tudo isso?

O diretor, então, acendeu seu indefectível charuto e, calmamente, iniciou seu discurso.

– Existe crise? Existe. Alguém duvida? Abram o jornal e leiam. Afetou a Órion? Um pouco, nem tanto, talvez. Na verdade, já vínhamos desacelerando faz tempo. Ou seja, acendeu a luz amarela...

– O que o senhor quer dizer – interveio Armando, inquieto.

– Existe um problema de cultura aqui... Creche, clube para funcionários, seguro médico classe A, vale-isso, vale-aquilo. Isso tudo é coisa antiga. Tem a ver com utopia de gente morta e enterrada. Assim, não se olha para o que interessa: a competitividade. No ano passado, já cortamos essa mamata de cursos pagos, mas é preciso ser radical na redução desses benefícios. Também precisamos eliminar de vez esses investimentos no projeto de proteção ambiental. Isso é pura demagogia – disse, entre baforadas cinzentas, deixando um silêncio sepulcral na sala.

– Mas essas coisas fazem parte da tradição da empresa. A Órion sempre se preocupou com as pessoas, sempre praticou responsabilidade social, mesmo quando isso não era moda – argumentou Armando.

– Quero ver você insistir nisso se tivermos de eliminar a sua diretoria de comunicação – disse Machado, com severidade, apontando o dedo médio para o interlocutor.

– Mas o senhor tem um plano de ajuste? É isso? – interveio Alfredo.

– Olha, a crise é, no mínimo, um bom pretexto para fazer uma limpa. Muita gente precisa ser demitida. E também tem de parar com essa hipocrisia de tratar lago, de proteger macaco, de preservar plantinha nativa. Isso custa dinheiro. Nunca foi e nunca será nosso *core-business*.

– Será que isso não mancharia a imagem da empresa? Será que muitos de nossos clientes não foram fidelizados por conta dessa atitude responsável da Órion? Essas ações estão incorporadas ao nosso *brand* – retrucou Armando, visivelmente contrariado.

– Que eu saiba, não estamos em Cuba... E esta não é uma empresa estatal comunista – disse Machado, olhando para o teto, enquanto puxava os elásticos dos suspensórios com os polegares.

– O que isso tem a ver com comunismo? – exaltou-se Armando. – Isso tem a ver com a própria sobrevivência do capitalismo. Num mundo com tremenda desigualdade de renda, com milhões infectados pela Aids, com gente sem poder pagar hipotecas até nos Estados Unidos, com raios UV agredindo a pele das nossas crianças, com o aquecimento global gerando tempestades ou secas... Que mundo de livre mercado podemos ter se não houver mercado, se não houver pessoas, se não houver planeta? – disparou Armando.

– Em que o aquecimento global impede a nossa adorável Letícia de passar férias na Riviera Francesa ou de assistir aos desfiles do Karl Lagerfeld? Balela, rapaz! O que tem de ser preservado é o que gera recursos para manter o seu estilo de vida! Não seja hipócrita. Você tem um carro que consome mais recursos naturais que uma família africana inteira – retrucou Machado, apontando para a janela, na direção do estacionamento.

Seguiu-se um silêncio constrangedor. E Alfredo, titubeante, tomou a palavra.

– Acho que precisamos discutir mais profundamente esses assuntos. Mais alguma coisa? Alguma proposta? Precisamos gerar receita, não é?

– Podemos fechar um grande negócio, grande mesmo – disse Machado, atraindo os olhares da assembleia.

– O que é? – perguntou Alfredo.

– Nossas unidades de plásticos reforçados e metalurgia fina podem perfeitamente produzir componentes para rifles e submetralhadoras da WLP. Esse negócio pode nos render alguns bilhões nos próximos três anos.

– O quê? Está falando sério? Mas meu avô não fabricava nem mesmo armas de brinquedo – retorquiu Alfredo, estupefato.

– É uma oportunidade, não é? Nas crises, precisamos aproveitá-las. Chance de manter os postos de trabalho que vocês tanto prezam – respondeu Machado, com um sorriso de peixe-boi.

O terceiro capítulo do livro foi enviado a Leila por e-mail. Nessa época, o professor Gasalla se encontrava na Espanha, participando de uma banca universitária.

O escritor e a palestrante se encontraram num café no centro da cidade para trocar impressões sobre a narrativa.

– Ficaram ótimas as luzes no seu cabelo – disse o escritor, manifestando autêntica admiração.

– Depois de semanas de muito trabalho, tirei um dia para o deleite cosmético – respondeu a amiga, exibindo também as unhas bem cuidadas e pintadas de vinho.

– Bom, eu ando trabalhando tanto que ao corpo só consigo reservar um tempinho para escovar os dentes e outro para tomar banho. Até as caminhadas no parque estão suspensas.

– Compre uma esteira rolante, amigo – sugeriu Leila. – O único problema é a falta de vista, de vento no rosto... Mas é um jeito de contornar o problema. Saiba que, de acordo com a OMS, ser sedentário equivale a ser doente.

– Podiam inventar vídeos de caminhadas para quem se exercita à frente de esteiras rolantes. Assim, a pessoa poderia caminhar por lugares como o Tibete ou o Jardim de Luxemburgo, em Paris...

– Ótima ideia – festejou Leila. – Deixe-me anotar aqui no caderninho. Viu? Você já está entrando na onda da invenção. A sugestão é tão boa, será que alguém já desenvolveu? Vou verificar.

– E então, o que achou da narrativa? – indagou o escritor.

– Realmente, estou impressionada. Nunca tinha ouvido falar dessa história. Somente a saga desse imigrante empreendedor dá um livro inteiro. Fantástico.

– É, eu simpatizei com ele também.

– Pois é, trata-se de uma personagem que eu levaria para minhas palestras. Seria um testemunho fabuloso, didático, verdadeiro.

– Eu pensei justamente nisso. Pena que ele já tenha morrido.

– Mas eu creio que os aspectos ligados à clareza são os mais presentes nesse capítulo. Há casos ali que poderiam ilustrar qualquer livro sobre o tema.

– E o que você destacaria nesse particular? – perguntou o escritor, mordendo um *croissant* de provolone.

– Manolo tinha o que muitos empreendedores e executivos não têm ainda hoje, mesmo depois de anos de estudos sobre teoria da administração...

– Clareza?

– Perfeito! A relação dele com os clientes era absolutamente franca. E isso tinha como base a honestidade e a autenticidade. Ele vendia qualidade, e pronto. Podia ser meio turrão na hora de estipular preços, mas fazia o que considerava correto. Cobrava o que julgava justo.

– De fato, era um sujeito muito assertivo – disse Nelson, lembrando-se das entrevistas que fizera com membros da família e antigos funcionários.

– Então, ele mantinha uma relação muito transparente com os colaboradores. Ou seja, ele tinha essa determinação de dizer a verdade. E isso nem sempre acontece com as pessoas no meio corporativo. Elas tendem a mentir ou esconder a verdade para não expor suas falhas, erros, debilidades e outros aspectos dos quais não se orgulham.

– E isso, creio, deve ser muito comum nas grandes organizações...

– Nem só nessas – advertiu Leila. – Isso ocorre nas médias, nas pequenas, em organizações não governamentais, em todo lugar. Lá na época das cavernas, já devia ter um sujeito que também ajeitava a verdade de acordo com a conveniência.

– Mas você está falando de mentirosos?

– Não necessariamente. Muita gente pensa estar dizendo a verdade quando, de fato, está criando uma versão conveniente. Muita gente enrola, embroma, usa frases complicadas para dourar a pílula, para explicar um conceito simples. Nas organizações, a falta de clareza está também ligada à ocultação de informações, pois deter e reter dados e saberes é uma forma de exercer o poder.

– Perfeito. E isso acaba iludindo e prejudicando o interlocutor.

– Muito! O outro é sempre necessário ao nosso desenvolvimento, mas esse crescimento precisa se basear em uma relação aberta, e não de conveniência. Existe um pensamento de Martin Buber que ilustra bem essa questão: "Existem três princípios na vida do homem: o do pensamento, o da fala e o da ação. Todo conflito tem origem em não se dizer o que se pensa e em não se fazer o que se diz".

– Isso em toda a sociedade – pontuou o escritor. – Certos políticos e órgãos de imprensa cometem esse pecado todos os dias. Distanciam o discurso da prática e, muitas vezes, preferem fortalecer a dúvida, apostar na indeterminação...

– É... Muitas vezes, não dizemos a verdade porque temos medo de perder algo – disse Leila, mordendo levemente os lábios. – Tememos perder uma relação ou um posto de trabalho. Mas nem sempre fazemos bom negócio jogando dessa forma. Benavente costumava dizer que a pior verdade custa somente um grande desgosto, enquanto a melhor mentira custa muitos pequenos desgostos e, ao final, um desgosto grande.

– Isso explica um pouco a falta de credibilidade das instituições, em todo o mundo. Afinal, a manutenção do poder frequentemente se escora na construção da mentira. Em qualquer país, a situação doura a realidade para se manter no poder, e a oposição se vale da denúncia leviana para tentar assumi-lo – sentenciou o escritor.

– Mas é isso que precisamos mudar – disse Leila, com a voz resoluta de um soldado de Marselha servindo à revolução. – Lá no século 18, o ensaísta Joseph Joubert já dizia: "A justiça é a verdade em ação".

– Gostei – disse Nelson, batendo palmas. – Essa vai para o meu caderno de anotações. Frase bárbara.

– A verdade é rara, mas é preciosa – pontuou Leila. – Ela faz fluir a energia, transferindo-a de uma pessoa para outra. Ela cria espaços de desenvolvimento num nível superior.

– Mas muitas vezes me parece que as pessoas buscam um meio--termo entre a verdade e a mentira, num terreno pantanoso, em que os fatos são apresentados numa versão de conveniência.

– Tudo isso é artifício de dominação, no campo político, comercial... – avaliou Leila. – E, muitas vezes, a falta de clareza é planejada. O objetivo é mesmo confundir o interlocutor. Aí, tratamos de problemas éticos.

– Mas, já que você falou em ética, tem diferença entre clareza e transparência? – indagou Nelson.

– Muito bem perguntado – disse Leila, antes de dar uma boa golada no café. – Considero a transparência total uma utopia, pois o ser humano precisa ter um reduto de intimidade, uma blindagem pessoal. Temos necessidade de guardar alguns segredos sobre pensamentos, sentimentos, opiniões, vivências. Mas podemos, ao mesmo tempo, dizer a verdade, sem ornamentos, quando os assuntos envolvem a realidade externa e o destino de outras pessoas.

– De fato, seria muito estranho se disséssemos tudo o que pensamos. Perderíamos todos os amigos, todos os amores e provavelmente seríamos presos. Li num livro sobre neurologia que existe uma região do cérebro especializada no processo de "contenção". Ela nos dá o "simancol" e nos impede de dizer qualquer bobagem que venha à cabeça.

– Sim, na verdade, existe um sistema complexo de funções que faz o ser humano se comportar com prudência na hora de expor o que pensa. Alguém que diz tudo o que quer acaba por ouvir o que não quer. A gente precisa ter um repertório para saber o que dizer em cada lugar e momento.

– Mas a clareza tem um papel importante no estabelecimento da confiança, não?

– Com certeza. E isso é fundamental nas empresas vivas, dinâmicas. Difícil ter sinergia sem clareza. Se queremos criar confiança nos parceiros de trabalho, como fez o Manolo, precisamos ser objetivos e verdadeiros, colocar tudo de modo claro. Isso vale para atividades na fábrica e também para uma campanha de marketing.

– Quer dizer que isso influencia até quem está fora da empresa?

– Isso mesmo – assentiu Leila. – Há uma dimensão da clareza que é interna. Está ligada a processos, controles e estratégias. Mas existe outra que está associada à relação da empresa com clientes e consumidores. O grande desafio dos grupos de atendimento nas empresas é ter um discurso orgânico, limpo, direto e honesto com as pessoas que pagam por produtos e serviços.

– Mas muitas acabam falhando e nos enrolam – lamentou o escritor. – Quando a internet não funciona, é uma trabalheira para obter informação e ajuda...

– Sei bem disso – observou Leila. – Mas isso começa dentro da empresa. Muitas vezes, os líderes não informam adequadamente os colaboradores sobre os processos em curso. Nada dizem das dificuldades encontradas. Tentam criar uma ideia de que tudo está em perfeita ordem. Isso para não ser pressionados ou criticados.

– É uma cultura de sombras...

– E de informação burra, não classificada. Francis Fukuyama lembra que a confiança envolve uma troca de informação, mas não se reduz a ela. Ele brinca, dizendo que de nada adianta informação farta numa empresa se os fornecedores e contratantes forem todos ladrões ou impostores. Seria uma gestão de informação verdadeira sobre pessoas falsas.

– Essa é boa...

– Ele costuma sublinhar que a confiança é a expectativa que nasce no seio de uma comunidade de comportamento estável, honesto e cooperativo, com base em normas compartilhadas por todos os seus membros.

– Quer dizer que não basta ter informação, suponho. É preciso ter informação de qualidade.

– Exato. As coisas precisam ser feitas à luz da informação, mas sempre de forma legítima, com máxima fidelidade aos fatos.

– Mas mesmo com informação qualificada nem sempre a equação está resolvida. Confere?

– Não mesmo. Muitas vezes, não há transmissão orgânica dessa informação entre os diversos departamentos. Não há clareza quanto às expectativas que os chefes têm em relação aos colaboradores. Tudo fica na esfera da adivinhação. Alguns chefes parecem buscar adivinhos ao redor.

– E aí, muitas vezes, vem a decepção...

– O sujeito não sabe definir o que quer, tampouco é capaz de transmitir a mensagem com clareza – disse Leila, detendo-se para dar uma garfada na torta de chocolate e avelã. – Aí, quem está embaixo vai chutando, testando hipóteses, procurando acertar às cegas. Muitas vezes, o resultado do serviço é totalmente diferente do imaginado, o que provoca decepções, conflitos e muita tensão.

– E quem são os chefes que mais erram nesse particular?

– São aqueles que se julgam os reis da cocada preta. Eles acham que suas ideias mirabolantes são primores de lógica. Assim, consideram que tudo está óbvio. Não clarificam conceitos, não ensinam. Esses aí têm certa arrogância majestosa. Acham que os súditos têm por obrigação ler seus pensamentos e atender a seus desejos.

– Minha nossa... Minha nossa... Já encontrei tanta gente assim.

– Eu também. Eles criam uma cultura de silêncio estúpido, em que os colaboradores fingem ter entendido o chefe. Os resultados são processos de trabalho enrolados, produtos com defeito e serviços que decepcionam os consumidores.

– Então, voltamos à interface da empresa com o público.

– É uma corrente de relações – explicou Leila. – O desinformado dentro da empresa acaba por ter uma relação falsa com os clientes e consumidores. Ele enrola para não dizer o que deve ser dito. Omite fatos que julga desagradáveis e busca eufemismos para justificar as tragédias decorrentes da incompetência e da negligência da equipe de trabalho.

– E isso gera um marketing de decepção – concluiu Nelson, erguendo a mão para pedir mais um chá de morango.

– Em alguns casos, essa falta de clareza acaba por contaminar toda a empresa. Cai a produtividade, desaparece a confiança dos clientes. É uma espiral de decadência. No fim, alguém apaga a luz, baixa as portas e, irritado com o fracasso, vai para casa chutar o cachorro.

– Coitados... Sempre sobra para eles. Um gato já meteria uma unhada feia no safado – reagiu o escritor.

– Mas isso é até bom para a sociedade. No processo competitivo, acontece uma filtragem – disse Leila, parando para pedir mais uma torta. – Então... Ficam as empresas mais qualificadas, aquelas em que o tráfego de informação funciona desimpedido. O triste, para nós, é quando são empresas de setores monopolizados. Essas muitas vezes não se corrigem e não se aprimoram porque sabem que terão clientes cativos.

– Pois é, mas isso tudo está ligado aos conceitos que já discutimos outro dia, não é?

– Sim, a tal história da dialética, de se projetar no outro para ver o mundo de outro ângulo. Na hora de comunicar, é preciso imaginar a dúvida do interlocutor, suas dificuldades para compreender a explicação. Também é preciso variar a linguagem. Não dá para falar com a faxineira do mesmo modo que se fala com o gerente de tecnologia da informação.

– Há gente nas empresas que não tem tecla SAP...

– Sim, são pessoas que se comunicam com jargões e frases prontas. Tem disso em outras áreas, da universidade ao Congresso Nacional.

– Escondem-se em discursos prontos, padronizados, muitas vezes preparados para confundir. Além disso, tem gente que acha bonito falar de forma encriptada... Em códigos...

– Por vezes, isso aí é um capricho bobo, mas também pode ser resultado da falta de conteúdo – lembrou Leila. – O cara não tem o que dizer e faz um belo cuscuz de palavras para iludir a plateia. Reuniões de negócio têm muitas dessas apresentações vazias, tediosas e ofensivas à inteligência. E muitas vezes se utiliza uma linguagem rebuscada para carregar de complexidade um pensamento bobinho, que poderia ser expresso de maneira simples.

– Não era o caso do nosso Manolo... Grande cara... – lembrou Nelson.

– Ele tinha uma relação muito franca com os colaboradores. Dizia sempre a verdade aos empregados, relatando, por exemplo, os problemas financeiros da empresa. Utilizava uma linguagem compreendida pelo coletivo e abria espaço para o diálogo. Nota dez para o brigão do mercado. He, he, he...

– Acho que ele sabia bem o que queria. Não mistificava a gestão...

– Seu texto, Nelson, mostra bem que ele não manipulava. Ao admitir o erro na convocação para o Natal, redimiu-se e concedeu férias remuneradas ao pessoal. Ele também expunha com clareza a missão da empresa e o que esperava dos colaboradores. Dizia o que podia e o que não podia, como no caso das armas de brinquedo.

– Era um cara corajoso...

– E fazia circular rapidamente a informação. Transmitia de maneira concisa as mensagens, sem recorrer a subterfúgios e artifícios de enganação. Era claro e preciso no que solicitava das pessoas.

– Bruto, mas claro...

– Sem isso, ele não teria obtido sucesso – afirmou Leila. – Ele sabia, como já alertava Loren Eisley, que na ilha do mundo somos todos náufragos, que aquilo que alguns veem claramente pode parecer escuro para os outros. O grande erro é achar que todos enxergam as coisas como nós, crer que nossa presumida clareza é extensiva a todos.

– Eu entendo – concordou Nelson. – Há gente cabeça-dura, preconceituosa ou fanática que interpreta tudo de acordo com sua própria doutrina. Não adianta falar em cores com algumas pessoas, pois elas somente ouvem em preto e branco.

– É, Nelson – lembrou Leila –, mas muitas vezes o problema é cultural e educativo. Algumas pessoas simplesmente têm um arsenal de conhecimentos muito pobre e não conseguem decifrar as nossas mensagens. No caso delas, é preciso de muita paciência e de artifícios explicativos, clarificadores. Há uma passagem bem interessante no capítulo. Mostra que Manolo era didático com o confuso Mauro Bertollo. Ele explicava a tarefa ao colaborador de maneira clara, simples e inteligível, com uma baita paciência.

– Imagino a situação...

– Mas ele sabia que somente assim o funcionário poderia desenvolver satisfatoriamente suas funções.

– E o Mário? – perguntou Nelson.

– Acho que você sabe mais sobre ele, mas está escondendo para os capítulos posteriores... Pode adiantar alguma coisa?

– Ainda não sei muita coisa, não. Tudo a seu tempo – respondeu, rindo.

– O Mário pode ter ideias condenáveis, mas sabe expor claramente o que pensa.

– Pois eu prefiro os exemplos do Manolo das bananas. Esse aí deixa também a emoção aflorar... – observou Nelson.

Nesse momento, o *notebook* de Leila acusou o recebimento de uma mensagem. Era Gasalla, apresentando alguns conceitos sobre a clareza. A conferencista leu um parágrafo:

A claridade é a verdade, é a abertura a si mesmo e aos demais. Dizemos a verdade quando o conteúdo da mensagem coincide com aquilo que nós sentimos. A falta da verdade, com frequência, tem origem na própria pessoa. Há quem se engane por desconhecer a si mesmo.

Leila e Nelson ficaram em silêncio por meio minuto, refletindo sobre a ideia. Certamente, eles próprios moldavam as mensagens recebidas. Mas até que ponto?

Pela janela, viram que já escurecera lá fora. Nelson estava quinze minutos atrasado para o encontro com a namorada. Moça bonita, gentil, mas também exigente e brava. Levantou-se esbaforido e foi pagar a conta no balcão. Teria de ser claro e preciso em suas explicações.

QUADRO 3
PARA TER CLAREZA

- Procure pensar sobre o que é a verdade. Pense também com o coração. Depois, **diga a verdade**.
- **Diga** o que é, e também o que não é.
- Não oculte a **informação**.
- Diga ao colaborador **o que espera dele**.
- **Não esconda** razões nem motivos.
- Abra-se à **comunicação** em todos os sentidos.
- Lembre-se de que a comunicação ocorre numa **via de dois sentidos**.
- Utilize o **canal apropriado** a cada interlocutor.
- Use a **linguagem** daquele a quem se dirige a mensagem.
- Não simule emoções e não crie **falsos argumentos**.
- **Não manipule.** Preste bem atenção nisto: não manipule. Jogue com clareza.
- Dê o *feedback* de forma **construtiva**.
- Seja **assertivo**, mas com elegância e sensibilidade.
- Saiba que em alguns casos somente há duas respostas: **sim** ou **não**.
- **Explique** as coisas de forma direta e concreta.
- Elogie o trabalho benfeito. Censure o trabalho mal realizado, mas **dê suas razões** e ofereça a sugestão de correção.
- Abra espaço para o **debate**.
- Explique previamente **critérios** de promoção, avaliação e incentivos.
- **Seja justo** em suas decisões. Não penda para o lado do mais amigo, do mais simpático ou do mais bonito. Avalie razões.
- Coloque-se no **lugar** do seu colaborador. Ele sabe o que você espera dele?

CAPÍTULO 4

A palavra como garantia do cumprimento

Em 10 de janeiro de 1950, Tereza acordou com umas pontadas na barriga. Respirou fundo e sentiu o ventre em movimento. Eram os primeiros sinais. Já se anunciava mais um Martín Vásquez. Ainda de camisola, preparou o café para o marido, tarefa que jamais deixara a cargo da criada. Depois, foi fazer sua mala. Nessa época, contava 41 anos de idade, embora guardasse um pouco das feições de menina. Num clã marcado por emancipações precoces, já casara dois dos filhos e assistira ao nascimento de um neto e uma neta.

As primas e comadres lhe diziam para "fechar a fábrica". O respeito à ortodoxia católica, entretanto, contemplava a orientação bíblica do "crescei e multiplicai-vos". Manolo tinha esperança em fazer um herdeiro e sucessor. Ramón, o único filho homem até então, resolvera tornar-se artista plástico. Mudara-se para a Europa, quatro anos antes, e lá pretendia permanecer. Mal se comunicava com os pais.

Às 11 horas, Tereza mandou chamar um táxi e seguiu sozinha para o Hospital Mater Dei. No fundo, considerava toda aquela assistência um luxo. Afinal, tivera os três primeiros filhos em casa, pelas mãos de dona Miguelina, uma parteira rápida e eficiente.

Três horas depois, Manolo foi chamado ao hospital. O parto não estava seguindo o roteiro-padrão. No Ford "Bigode", atravessou a cidade em trinta minutos, fazendo valer sua buzina estridente. Ao chegar, não sabia se ralhava com a mulher ou se a acarinhava.

– Mas por que não avisou, Tereza?

– E preocupar você a troco de quê? Homem tem de trabalhar... E com isso eu sempre me virei sozinha... – respondeu a mulher, logo se calando num suspiro de dor.

– Tá doendo, tá doendo? – desesperou-se Manolo, mordendo os lábios. – Mas o que está acontecendo?

– Por favor, pode esperar lá fora? – rosnou uma das enfermeiras. – Aqui o senhor só atrapalha.

No corredor, um médico explicou-lhe didaticamente o problema.

– Seu Manolo, o que ocorre é um problema de posicionamento. Os bebês nascem de cabeça. O seu resolveu nascer de bumbum. Aí, fica complicado. Mas a dona Tereza é forte e tem fé.

Manolo não entendia. As crianças nasciam facilmente com a supervisão de dona Miguelina. Era como abrir uma mala. Ali, com toda aquela tecnologia e aparelhos, no entanto, sua Tereza sofria e podia perder a própria vida. O que teria feito de errado para merecer esse castigo? Pelo que estaria sendo punido?

O industrial vagou durante vinte minutos pelos corredores quentes do hospital. Até que sentiu vontade de fumar. Foi para um jardim. Sentou-se num banco de pedra e ficou observando os pombos que circulavam por ali. "Belos pássaros", pensou. Depois, tirou o paletó e pôs-se a contar os tijolos do muro que se erguia do outro lado da fonte, para além da estátua de Nossa Senhora.

Nesse momento, viu alguém transitando em ziguezague sob as arcadas do prédio. Angustiado, o homem esguio comia as unhas, esticava a gravata e praguejava. Num impulso, Manolo se levantou e foi interpelar o sujeito.

– Tudo bem, amigo?

– Tudo, tudo bem. – respondeu, entre tiques nervosos.

– Posso ajudá-lo? – insistiu Manolo, imaginando que interceder por alguém pudesse fazê-lo esquecer o próprio tormento.

– Ninguém pode. A vida põe a gente no trono, mas depois manda para a sarjeta. Melhor teria sido viver sempre ali, com os ratos. Mais sofre quem já teve majestade.

– Mas o que ocorreu?

– Essa mulher com quem me relacionei. Operária... Está para ter uma criança. E eu não quero ser pai, ainda mais dessa criança do acaso... Que alguém tome conta...

– E o que vai fazer?

– Eu? Não sei. Não sei mesmo. Sumir, talvez.

– Mas você não tem família? Não tem pai e mãe?

– Já ouviu falar de Ernesto Machado, o industrial? Pois era meu pai. Morreu faz dez anos. Perdi o crédito com ele por conta de uma briga de rua, na frente do Mercado, muitos anos atrás. Ele nunca me perdoou por ter apanhado de um imigrantezinho de merda. Depois disso, perdi a chance de sucedê-lo. Um primo meu está à cabeça da empresa até hoje.

Naquele momento, o coração de Manolo pipocou no peito. Agora reconhecia o interlocutor. Aquele era ninguém menos que Colombo Machado, um dos personagens de "A hora da bananada", o peralta elegante que fora vítima de sua fúria, duas décadas antes. Assustado, despediu-se com duas ou três frases desconexas. O homem, que falara sempre de cabeça baixa, não o reconhecera.

De volta aos corredores do hospital, Manolo passou a relacionar os fatos. Depois de cruzar enredos, chegou à conclusão de que Deus lhe cobrava uma dívida ou constituía uma punição.

Diante de uma imagem da Imaculada Conceição, o empresário confessou-se num fio de voz.

– Minha mãe... Causei uma desgraça a esse moço. Eu o humilhei e ele perdeu seu cartaz com o pai. Perdido, ele está aí, agora, pronto a entregar o filho à roda dos enjeitados. Pois vejo agora como todas as coisas na vida estão interligadas. E posso ser eu o culpado pelo destino incerto dessa criança. Sei agora por qual razão castigam a mim... Se eu mereço, acolho a pena. Mas que culpa têm minha mulher e meu filho? – sussurrou, deixando escapar uma lágrima.

Nesse momento, passou pelo corredor um dos médicos da equipe que assistia Tereza. Manolo o interpelou:

– E, então, o que vai fazer?

– Uma cesariana... Talvez uma cesariana...

– Vão cortá-la? Não é por ali que devem sair os rebentos...

– Pode ser a única opção. O que o senhor prefere? – disse o jovem cirurgião, afastando-se rapidamente, sem aguardar pela resposta.

Manolo voltou a consultar-se com a divindade, ainda mais torturado.

– Minha mãe, flagele a mim se for o caso, mas não quem é inocente. Livrai-os de todo o mal. Se é necessária uma oferta, juro que vou auxiliar no sustento dessa criança de Colombo Machado. Promessa minha. Guarde minha palavra que a cumprirei – disse, erguendo as mãos em súplica.

Naquele momento, um raio de sol vespertino atravessou os vãos de respiro na base do teto abobadado e constituiu-se um formidável resplendor à volta da imagem da santa. Manolo surpreendeu-se com o fenômeno e interpretou-o como uma aprovação a seu pedido. Era o fulgor visível do "sim". Reabastecido da fé, retornou à porta do quarto 77 e aguardou pacientemente. Pouco depois das 17 horas, viu apontar na intersecção dos corredores uma maca. Sobre ela, Tereza...

– Enfermeira... Enfermeira... Ela está viva?

– Lógico que está – riu a moça.

– Mas não se mexe. Está de olho fechado... – insistiu, com o coração pulando na garganta.

– Ela tomou uma anestesia. Logo vai acordar.

– E deu tudo certo?

– Dentro do possível, mas o senhor precisa falar com o doutor. Ele vai lhe explicar tudo direitinho.

Preocupado com a saúde da mulher, Manolo até se esquecera do novo membro da família. E, assim, foi andando em direção à saída, crente de que haveria ar mais fresco no jardim do hospital. Na recepção, entretanto, viu uma mãe com um bebê no colo e acendeu-lhe a luz da memória. Retornou correndo e foi perguntar da criança. De porta em porta, abrindo-as sem-cerimônia, buscou o cirurgião. Até que o encontrou, exausto, deitado sobre uma cama hospitalar, alta e desarrumada.

– Então, nasceu? Nasceu?

– Ah, não avisaram o senhor ainda?

– Avisaram de quê? – sobressaltou-se.

– Do seu filho...

– Filho? É homem? Mas nasceu ou não?

– Nasceu, nasceu... Deu um baita trabalho... Tem 3,5 quilos. Cara de joelho, mas nasceu – respondeu o doutor, procurando espairecer.

– Poxa vida... Poxa vida... – comemorou Manolo, esmurrando a porta do consultório, com os lábios trêmulos e os olhos marejados.

Nesse mesmo momento, a vinte metros dali, nascia o filho de Margarida Tipaldi e Colombo Machado, um menino forte, de quase quatro quilos. Mas Manolo nem se deu conta do fato. Saiu direto para a rua, decidido a comprar uma caixa de bombons de licor para sua Tereza.

O NOVO MEMBRO DA FAMÍLIA Martín Vásquez foi batizado um mês depois. Ganhou o nome de Genaro, não em homenagem ao santo, mas porque o nome lembrava "janeiro", seu mês de nascimento.

– Genaro, o garotão que chegou em janeiro – brincava Manolo, na igreja de São José, com o menino no colo.

No dia seguinte à celebração, Tereza caiu doente, com fortes dores abdominais. Manolo assustou-se e voltou a pensar em promessas e punições. Lembrou-se do compromisso assumido com a santa. No hospital, conseguiu que uma secretária administrativa verificasse as fichas de nascimentos. E lá estava o registro de um nascimento no mesmo 10 de janeiro. Uma criança cujo pai se chamava Colombo Machado.

Naquela mesma tarde, conseguiu localizar a mãe. Vivia numa casa térrea, bem simples, malcuidada, na periferia da cidade. Como não havia campainha, bateu palmas. Veio atendê-lo uma senhora mulata, de cabelos brancos.

– Boa tarde! – disse ele.

– Boa tarde... – respondeu a mulher, desconfiada.

– É aqui que mora a Margarida?

– Por que o senhor quer saber? – reagiu a dona da casa.

– Sou uma pessoa de bem, minha senhora. Tenho uma empresa. Sou trabalhador – defendeu-se Manolo.

– Sim, mas por que procura a Margarida?

– É uma longa história. Preciso falar com ela.

– Ela conhece o senhor?

– Não, mas eu conheço o marido dela.

– Ela... Ela não tem marido.

– Está certo. Diga que eu conheço o pai do filho dela, o Colombo.

A senhora calou-se por um momento. Refletiu e convidou o estranho a entrar. Margarida estava na sala estreita, piso de assoalho e paredes pintadas de rosa. Sentada numa cadeira, dava de mamar, enquanto ouvia o rádio. Manolo percebeu que a moça tinha um rosto bonito, mas magoado.

– Como vai? A senhora está bem?

– Dentro do possível, com a graça do senhor – respondeu a jovem mãe.

– E como se chama o seu menino?

– Por que quer saber? Quem é o senhor?

– Vamos dizer que sou um amigo secreto do pai dele, o Colombo.

– Ah, foi ele que o mandou aqui? Por que ele sumiu? Me diga... Por que ele desapareceu? – exasperou-se.

– Bem, não foi exatamente ele que me mandou aqui – disse Manolo, envergonhado, lembrando-se de retirar o chapéu. – Na verdade, eu também não sei onde ele se encontra...

– Então, vamos continuar aqui, neste desamparo...

– Veja bem... A senhora está precisando de alguma coisa para a criança? – indagou Manolo.

– Preciso de um pai para este menino, porque o dele sumiu.

– Sim, sim... Esse é um caso muito sério. Mas além disso... Bom, não quero ser intrometido nem ofender, mas ele tem roupinhas, alimento, médico?

– O que o senhor está querendo? O Colombo mandou nos comprar? O senhor considera isso digno? – revoltou-se Margarida.

– Não, não me interprete mal. O Colombo não me pediu nada. É que eu tenho uma fábrica de brinquedos e gosto muito de crianças. Então, pensei que poderia auxiliar a senhora de algum modo.

– A troco de quê?

– A senhora pode não acreditar, mas o meu filho nasceu no mesmo dia que o seu, no mesmo hospital...

– É verdade isso?

– Sim, sim... Foi no dia 10 de janeiro... Um parto muito, muito difícil....

– O meu nasceu facinho, facinho... Mas para um mundo complicado, complicado...

– Eu posso imaginar. Bem, eu preciso ir andando. Minha mulher não passou bem hoje e retornou ao hospital. Tenho de vê-la. Vou deixar meu cartão da fábrica. A senhora me liga se precisar de alguma coisa.

– Agradeço a sua visita. Mãe, acompanha o homem até a porta.

Mais tarde, de volta ao hospital, Manolo encontrou Tereza, alegre e recuperada.

– Mas o que passou?

– Gases, só isso. Não tem nada a ver com o parto. Vamos pra casa.

Novamente, Manolo viu no fato a intervenção divina. Sua demonstração de generosidade curara Tereza instantaneamente. Era um sinal de que precisava mesmo socorrer aquela família.

Um mês e dez dias depois, numa tarde de ventania, tocou o telefone. Era Margarida. Perguntava se havia notícias de Colombo. Manolo foi direto:

– Olha, minha senhora, eu não gostaria de desiludi-la, mas ele deixou a cidade. Descobri que ele viajou. Ninguém sabe onde está.

– Bom, muito obrigada assim mesmo. Tentei conversar com outras pessoas da família Machado, mas eles não reconhecem o menino como membro da família.

– Escute, escute... Não desligue... Será que posso visitar o Mário?

– Não sei... – hesitou a mulher. – Bom, pode, pode sim. Venha na quinta-feira no final da tarde.

No dia marcado, Manolo apareceu com uma caixa repleta de produtos para bebê. Havia ali talco, creme contra assadura, chupetas, mamadeiras, cueiros e até roupinhas de lã.

– Isso tudo é muito útil, viu... Deus lhe pague – festejou contidamente a avó da criança, dona Rosa.

– Não podemos lhe pagar por isso – observou Margarida, meneando a cabeça.

– Ora, mas é apenas um presente. Aceite, por favor – insistiu.

– Esse senhor está sendo gentil, filha. Não rejeite porque quem dá é Deus. Ele é somente o mensageiro – argumentou dona Rosa.

– Está bem, mas não faça disso um costume – advertiu Margarida, que voltara a trabalhar na fábrica de calçados.

Essas visitas se repetiram mensalmente, até que em dezembro Margarida revelou que havia sido demitida. Passariam, portanto, um Natal apertado. Como já havia ganho a confiança da pequena família, Manolo quis fazer prosperar seu plano.

– Olha, Margarida... Eu abri esta conta no banco. Basta você ir até lá e assinar uns papéis. Já falei com o gerente e ele vai depositar uma quantia para você... É para ajudar o Mário...

– Não, nem pensar... Logo me recoloco, seu Manolo...

– Não seja orgulhosa. Pense no garoto. Ele vai precisar.

Houve um silêncio na sala, até que Margarida anuiu, com um movimento de cabeça. Com a conta aberta, escassearam as visitas de Manolo à família Tipaldi. Quatro anos depois, dona Rosa faleceu e Margarida ficou só com o garoto.

Mário cresceu sem a referência paterna. A mãe o amava, sim, mas, decepcionada com a vida, via nele um retrato de seu fracasso. O garoto representava um pedaço de Colombo, o homem que a traiu e se afastou covardemente. Na verdade, era uma mãe prestimosa, objetiva, mas emocionalmente distante, quase gelada. Evitava abraçar ou beijar o filho, uma cópia do parceiro perdido.

Margarida tornou-se descrente em relação à felicidade, desconfiada e avessa às amizades. À exceção de Manolo, que tratava com respeito, não acreditava em mais ninguém. Quieta e reservada, trabalhava, executava as tarefas da casa e dormia. Não tinha ideia do que fosse diversão.

E, assim, nunca mais sorriu, nunca mais entregou o coração a um homem. Primeiro, secou de espírito. Depois, de corpo. Faleceu em 1968, num fim de tarde garoento de junho, atropelada por um ônibus azul e bege. A colega de trabalho que a acompanhava na ocasião chegou a duvidar de que tivesse sido vítima de acidente. Pareceu-lhe mais uma planejada desistência da vida.

Com isso, Manolo retornou à cena. Encaminhou o emancipado Mário, custeando seus estudos e apresentando-se como um grande amigo de juventude de seu pai.

Nessa época, fez com que o rapaz conhecesse Genaro. Estudaram na mesma universidade e tornaram-se amigos, apesar das diferenças de humor e atitude. Mário era disciplinadamente obscuro, cético e analítico. Genaro era anarquicamente luminoso, confiante e emotivo. Mário era um estrategista, frio e calculista. Genaro era um entusiasta do momento, transbordante de energia e amante do risco. Depois de formados, ambos foram trabalhar na Órion. Manolo quis acreditar que os rapazes podiam se completar. De alguma forma, queria cumprir sua promessa.

Naquela sexta-feira, Alfredo tinha a cabeça nas nuvens, e os pés fincados em alguma montanha. Pensava na aventura, na dificuldade vencida, na busca da altura máxima. Aquilo, sim, era vida. Pensou em como odiava ternos e, principalmente, gravatas. Também amaldiçoou gráficos e tabelas. No ambiente da empresa, gostava mais de pessoas, ou melhor, de algumas delas.

– Gerir equivale a gerir pessoas. Um presidente de empresa deveria gerir somente pessoas. Deveria gerir as pessoas na mudança permanente – ensinou a si mesmo, em voz baixa.

Em seguida, lembrou-se de Chávez, o funcionário da fábrica 3, aquele que lamentava a iminente perda do emprego.

– Mas e se ele não for mais útil para a empresa? Devo deixá-lo lá assim mesmo? – indagou-se, em sussurros. – É para ser eficiente ou altruísta?

Em seguida, chamou dona Júlia pelo interfone.

– Sim, dr. Alfredo...

– Sente-se por um instante.

– A senhora conhece o Chávez, aquele da fábrica 3?

– Sim, claro. Coitado, ele perdeu a mulher, dona Guiomar, não faz muito tempo.

– Sim, eu sei... Eu sei... O que acha dele?

– Em que sentido?

– Em todos...

– Mas isso é muito vago...

– Como funcionário, colaborador...

– Olha, eu não posso julgar tecnicamente, mas o seu pai sempre falou muito bem dele. Elogiou o acerto que ele fez nas máquinas para a produção do cabo coc... cosc...

– Coaxial, Júlia.

– Isso mesmo. Esse aí.

– Mas e agora? Será que ele continua produtivo? Será que vale a pena mantê-lo?

– Acho que não é comigo que o senhor tem de discutir isso... Tem o diretor de produção, tem o diretor finance...

– Vamos parar com esse fingimento, Júlia – interrompeu Alfredo.

– Como assim? – reagiu ela, assustada.

– A senhora sabe das coisas aqui melhor do que a maior parte desses gerentes de meia-tigela. Ponha de lado a sua modéstia...

– Eu tenho o meu papel aqui, Alfredo... Quer dizer, dr. Alfredo... A minha maior virtude, a vida toda, foi a disciplina. E ela é a razão de eu manter meu emprego nesta empresa. Não me meto onde não sou chamada.

– Ok, esse é o papel que o meu pai pretendia da senhora. Porém, veja só, talvez não seja esse o tipo de conduta que espero dos colaboradores...

– Está perfeito, mas eu tenho uma formação limitada. Sou apenas uma secretária bilíngue, uma faz-tudo sem grandes especializações. Na verdade, nem sou de grande valia – arriscou, num excesso de humildade.

– Ah, de novo isso? Por favor...

– Desculpe. Me perdoe – respondeu Júlia, enrubescida, piscando os olhinhos, como fazia sempre que se envergonhava.

– Você tem, a meu ver, uma virtude espetacular...

– Qual?

– Você cumpre suas tarefas à risca. Quando se compromete, cumpre. E essa conduta é um exemplo para todos nós. Eu gostaria de ter um décimo da sua capacidade de cumprir o que promete...

– Imagina...

– E veja uma coisa. Além de cumprir suas tarefas, a senhora também faz com que os outros cumpram as suas. Lembra meu pai de seus compromissos, faz a agenda funcionar... Adoro seus bilhetinhos com indicações de minhas atividades. Sem eles, eu não teria condições de gerir coisa nenhuma aqui.

– Bom, dizem que sou mais obsessiva que propriamente responsável. Sou virginiana – disse Júlia, sorrindo acanhada.

– Mas vamos voltar ao Chávez...

– Qual deles? O presidente da Venezuela? – brincou a secretária. – Às vezes, no jeito de comandar, parece o seu pai... – riu, mais descontraída.

– Duro, mas paternal... É isso?

– E também meio avoado, cheio das manias, centralizador...

– Gostei das suas considerações sobre política internacional, Júlia. Mas quero saber do nosso Chávez, da fábrica 3.

– Bom, eu só me lembro de que ele esteve aqui, reunido com seu pai, há uns cinco anos. Eles conversaram por 42 minutos, contadinhos no relógio...

– E do que trataram?

– Falaram de tudo... De futebol, de fábrica, de funcionários bons e ruins... Relembraram o período da aquisição e reativação da unidade de cabos. E, no final, ali na porta, dr. Genaro fez-lhe uma promessa. Disse que ele permaneceria na empresa o quanto quisesse, mesmo depois da aposentadoria.

– Verdade isso?

– Verdade. Seu pai pode até ter se esquecido do que disse, mas eu me lembro muito bem.

– Está bem. Eu não duvido.

– Recordo que o Chávez ficou muito feliz em ouvir aquilo. Contou para todo o mundo. A vida dele se resume ao trabalho.

– Tem razão. A palavra de um homem é seu mais rico patrimônio moral... Estou falando bonito, né? – disse Alfredo, caçoando de si mesmo. – Vamos manter o Chávez. Ele pode até ser mais lento, ter dificuldades de locomoção, mas é um ótimo professor, uma referência para os mais jovens. Pegue papel e lápis...

– Estou com eles...

– Escreva isto... "Comunicado da presidência... O senhor Antero Chávez deve ser retirado de qualquer lista de dispensa da fábrica 3. A Órion tem por tradição honrar seus compromissos. E, desta vez, não será diferente. Conforme promessa de Genaro Martín Vásquez, o referido funcionário somente deixará a empresa quando assim deliberar, por livre e espontânea vontade. Faça-se cumprir imediatamente esta ordem e informar o colaborador desta decisão. Assinado: Alfredo Martín Vásquez." Envie esta mensagem para o diretor da unidade e também aos demais diretores do primeiro escalão.

– É pra ontem! – assentiu Júlia, procurando esconder o encantamento.

Desta vez, o texto seria debatido somente com o professor Gasalla, já de volta ao país. Leila estava na Austrália ministrando um curso por um mês. Depois das atividades profissionais, planejava aproveitar e conhecer uma reserva ambiental no *outback*. Queria aprender um pouco mais sobre o país, interagir com cangurus e visitar grupos de aborígenes.

O quarto capítulo seguiu por e-mail para o acadêmico. Ele e Nelson combinaram de se encontrar em uma sexta-feira, depois do almoço.

Naquela sexta-feira, às 11h40, Nelson recebeu um telefonema de Gasalla. Ele pedia uma alteração na agenda. Teria importante reunião em uma empresa do setor aeronáutico, da qual era conselheiro havia mais de dez anos. Adiaram, então, o encontro para o final da tarde.

Pouco depois das cinco da tarde, o escritor chegou ao local marcado, nas proximidades de um lago com carpas, patos e cisnes. O sol ainda brilhava alto e claro. Logo depois, viu aproximar-se o professor, pedalando uma reluzente bicicleta de competição.

– Mas que chique, hein? Parabéns! Agora só falta conseguir uma vaga na equipe olímpica.

– O negócio aqui é mais estético – confessou o professor, rindo. – A bicicleta é bonita, mas o ciclista já não tem tanto fôlego assim.

– Imagine só... Vi quando venceu facilmente aquela subida nas proximidades da torre do relógio. Está em plena forma.

– Obrigado... É obra da massagista que Leila arranjou para mim.

– Pelo que sei, está com a agenda cheia, prestando consultoria a muitos executivos importantes... – comentou Nelson.

– Na verdade, gosto muito de trabalhar com indivíduos que sentem a tal "solidão da cúpula". Quase sempre, tenho em curso dois processos de *coaching* com presidentes de empresas. Você não imagina a necessidade que eles têm de contar seus percalços, de revelar suas dúvidas e até frustrações. Afinal, vivem sob pressão e adoram poder falar com uma pessoa de fora da empresa, que não os ameace. De minha parte, creio que é um privilégio atendê-los. Um *coach* está sempre aprendendo com a realidade dos outros.

– Hummm... Você deve saber de muitos segredos, não é?

– Sei, sim, mas morrem comigo. Ética profissional. Eu gostaria de ter sido *coach* do nosso formidável Manolo. Eu vi ontem a primeira parte da história desse imigrante e fiquei espantado com a sova que aplicou nos palhaços que foram incomodar os carregadores do mercado.

– Ótimo que tenha visto também esse trecho. E deu para ler com cuidado o capítulo seguinte?

– Li, sim. E já fiz algumas reflexões a esse respeito – respondeu o professor, abrindo uma garrafa de isotônico.

– Imaginei que fosse simpatizar com a personagem...

– Natural – assentiu Gasalla, enxugando o rosto suado numa pequena toalha que tirou da pochete. – O Manolo fez uma promessa e foi cumpri-la. Não importa se é um exemplo do campo religioso. O importante aqui é notar que ele assumiu suas responsabilidades no caso.

– E isso qualifica a pessoa...

– Se percebemos que uma pessoa se esforça para cumprir as promessas que faz, somos mais propensos a confiar nela. Mas o contrário também é verdadeiro. Quem faz uma promessa e não a cumpre perde a credibilidade das pessoas.

– E nem entramos no mérito das promessas...

– Isso mesmo – anuiu o professor. – Alguém pode achar que Manolo não tinha, de fato, qualquer responsabilidade em relação àquela mulher e seu filho. Ele teve suas razões pessoais para acreditar que estava em débito e precisava dar uma demonstração de bondade... São coisas próprias da crença de cada um. No caso dele, era uma questão ligada à religiosidade. Mas isso não importa. O que vale para nós é constatar que ele respeita a medida desse acordo, seu alcance, adquirindo, por exemplo, os produtos necessários para que a jovem mãe crie o garoto.

– Pelo que as pesquisas revelaram, ele tinha esse comportamento também na Oficina da Alegria. Honrava seus compromissos...

– Isso porque as pessoas são seres integrais. Não dá para imaginar que um bandido larápio será um exemplo de ética na empresa. Tampouco se pode cogitar o inverso. Um empresário canalha seguramente se tornaria um parlamentar sem escrúpulos.

– Manolo teve uma conduta exemplar nos primeiros anos da empresa. Isso certamente gerou uma participação confiante dos colaboradores, muitos deles velhos conhecidos do imigrante...

– Esse é um dos segredos da boa gestão. Faça promessas somente se considerar que pode cumpri-las. Muitos chefes tentam estimular seus colaboradores com falsas promessas. Falam de negócios milionários, de lucros compartilhados e de promoções. Depois de um tempo, nada disso se torna realidade e a frustração é grande. Ou seja, o líder queima sua palavra, que passa a valer tanto quanto uma nota de três dólares.

– E aí a vaca da confiança vai para o brejo...

– É bem por aí – concordou Gasalla. – Stephen Covey afirma que cumprir promessas é o jeito mais rápido de construir confiança em qualquer relacionamento, seja junto de um empregador, chefe, membro de equipe, cliente, fornecedor, cônjuge ou filho. Mas adverte que não cumprir uma promessa é a maneira mais rápida de destruir um laço de confiança.

– O problema é que muitas pessoas se esquecem das promessas de chefes, cônjuges e parlamentares...

– Sim, e muita gente "espertalhona" aposta no esquecimento – concordou Gasalla. – É o que acontece, por exemplo, com os aspirantes ao poder, em todas as partes do mundo. Enquanto são oposição, apresentam planos fantasiosos de gestão pública, mas já sabemos que, se eleitos, colocarão de lado suas próprias promessas.

– Mas me parece que a população começa a identificar esses oportunistas...

– Sim, é um processo longo, de construção da consciência coletiva. Não é somente no plano público que isso ocorre. Profissionais éticos, educados para o compromisso, começam também a liderar uma revolução silenciosa nas empresas. Eles assumem obrigações e as cumprem. E são críticos em relação aos superiores que violam esse acordo.

– Isso já está disseminado?

– Não. Isso ocorre em uma minoria de empresas. São lugares em que deveres e direitos são compartilhados. Em que há um compromisso coletivo em torno de planos e metas.

– E isso não coloca em xeque a hierarquia?

– Isso não é insubordinação. As pessoas conhecem seu lugar na empresa. Mas se sentem integrantes de um grande organismo. Nesses ambientes, existe uma cobrança sadia por participação.

– Julgo que a distância de poder seja menor nessas corporações...

– É bem por aí. São empresas de hierarquias mais horizontais, mais ágeis, em que a comunicação é menos truncada.

– E aí, suponho, as pessoas tendem a confiar mais umas nas outras...

– Sim, mas não basta o modelo ser bom. É preciso que a conduta das pessoas seja apropriada. Não pode haver desapontamento. Afinal, um chefe que garante um bônus, e não cumpre a promessa, acaba perdendo credibilidade. Será difícil que ele encontre aliados para um projeto futuro.

– Talvez o ideal, então, seja não prometer nada, nunca...

– Não tem jeito – discordou o professor, tirando as luvas de ciclista. – Em alguns momentos, é preciso tomar decisões que incluem promessas. O segredo, nesse caso, é prometer pouco, sempre com os pés no chão. O mundo em que vivemos está mudando continuamente e não temos controle de cada nova realidade. Antes, as coisas permaneciam imutáveis por longo tempo. Hoje não é mais assim.

– A nossa história tem alguns exemplos interessantes...

– Sim, um bom exemplo é a secretária Júlia. Ela é comprometida, uma pessoa engajada. Ela cria confiança porque demonstra na prática que está disposta a realizar as tarefas criadas no esforço coletivo. Todo o mundo sabe que pode contar com ela.

– Ela é uma funcionária das antigas...

– De fato, ela tem essas qualidades... Nos países desenvolvidos, hoje, os jovens são menos persistentes, menos esforçados e pouco comprometidos com causas. Quando encontram uma adversidade, fogem logo do desafio e da responsabilidade. Isso vale tanto para o campo pessoal quanto profissional. Sim, há exceções, mas esse me parece um comportamento-padrão... Dá até saudade da juventude dos anos 1960...

– Sim, eu vejo isso todos os dias, nas mais diversas empresas.

– É uma cultura de palavras descartáveis. E como confiar em gente assim, Nelson? Como? Isso, em todo caso, não significa que os jovens sejam incapazes de se comprometer. Toda generalização é burra.

– Mas, então, há os engajados?

– Lógico, eles existem. Mas é mais fácil que eles se comprometam com projetos e pessoas do que com empresas e instituições.

– Ué, e como é isso?

– Eu constato isso todos os dias em minha convivência com eles no mundo acadêmico. Eles se comprometem e cumprem os acordos quando são simpáticos aos valores da empresa...

– Então, é uma adesão de conveniência?

– Não sei se essa é a palavra – respondeu o professor. – Eles hoje têm mais escolhas. Podem deixar a empresa aqui e arranjar emprego numa companhia de *software* na Índia. O mundo hoje tem mais mobilidade. Embora eles incorporem alguns valores profissionais de seus pais, como responsabilidade e seriedade, não estão dispostos a dar prioridade máxima ao trabalho, com jornadas de dez ou doze horas diárias, como faziam o nosso Manolo e sua turma.

– É uma cultura laboral em metamorfose, então...

– Esses jovens buscam ter mais autonomia e iniciativa e não se sujeitam a modelos que se baseiam em submissão, obediência, uniformidade e total disponibilidade para a corporação. Isso torna necessária uma revisão na escala de valores das empresas. Afinal, elas precisam dessas boas cabeças pensantes e têm de lidar com essas pessoas do outro lado do *business*, porque esses novos autônomos também são clientes e consumidores.

– Quer dizer que as Júlias estão em extinção?

– Esse espírito de colaboração e de responsabilidade nunca vai deixar de existir. Algumas pessoas sempre serão assim. Sempre cumprirão suas promessas e lembrarão os outros de cumprir as suas.

Esse, aliás, foi durante muito tempo o papel das secretárias-executivas. Talvez o que desapareça seja essa conduta de certa submissão, esse jeito estoico de assumir as culpas dos outros, de tapar buracos, de dar jeitinhos em confusões geradas pela negligência alheia.

– É que Júlia me parece uma mulher idealista...

– Sim. Ela tem suas ideias sobre o mundo, seus conceitos de "faça a coisa certa". Mas é raro que uma pessoa assim, hoje, consiga passar tantos anos agregada a um modelo de gestão caracterizado pela autocracia, pela conveniência, pela ocultação das verdades. Ela tem este atributo: é uma pessoa em que todos podem confiar, não importa o que aconteça. Um jovem idealista, em seu lugar, talvez entrasse em conflito com seus superiores irresponsáveis.

– Gasalla, estou sentindo uma pitada de conservadorismo rabugento nesse seu comentário – provocou Nelson.

– Que nada, amigo – defendeu-se o professor. – Conheço muitos jovens alunos que estão se tornando grandes gestores, responsáveis, comprometidos e cumpridores de promessas. O que eu quero dizer é que essa mudança de paradigma envolve um embate dentro das empresas. É o velho modelo contra o novo modelo. É o modelo da máquina contra o modelo da pessoa. É o modelo da conveniência contra o modelo da verdade. É o lucro a qualquer custo contra a sustentabilidade. É a rígida hierarquia contra a responsabilidade compartilhada. É a construção do patrimônio contra a construção da felicidade pessoal. Então, é certo que algumas pessoas não gastem energia naquilo em que não creem.

– Seria o caso do Alfredo desse capítulo?

– Eu ainda o vejo muito confuso, tentando encontrar um caminho. Mas ele tem essa fibra transformadora de alguns jovens. É bonito ver que ele cumpre o prometido por Genaro. Ele mantém

Chávez na empresa, mesmo contra a decisão dos *experts* em recursos humanos.

– Dessa vez ele acertou?

– Sim, foi uma questão de princípios. Afinal, a promessa existia. E ele foi cumprir uma promessa feita por outra pessoa.

– Então, temos mesmo esperanças...

– Muitas esperanças. Essa palavra cumprida e esse **comprometimento** surgem de um intercâmbio de saberes e sentimentos entre gerações. Cabe notar que a manutenção de Chávez tem o dedo de Júlia, a funcionária que você chama "das antigas". Ela inspira Alfredo. Com seu trabalho diligente, ela faz com que ele assuma responsabilidades e resgate um valor da companhia.

Já se despediam quando veio o "troco" da participação on-line. No *notebook*, Nelson viu chegar um e-mail de Leila. Havia ali também uma coletânea de pensamentos. Leu em voz alta um parágrafo específico.

É certo que quase todos nós já fizemos promessas de passagem de ano, tipo "Irei à academia três vezes por semana" ou "Farei um curso de Inglês". São bons propósitos, logicamente. Se cumpridas, essas promessas turbinam tremendamente a autoconfiança. No entanto, se as metas são logo abandonadas, o fracasso deixa marcas de fraqueza e induz à inércia. Melhor, então, planejar bem o futuro e não estipular metas impossíveis. Avançar, sim. Mas um pouco de cada vez.

Já soprava uma brisa fresca quando os amigos se despediram, cada um refletindo sobre suas metas pessoais. O crepúsculo pintava o parque de cores impossíveis. Havia uma árvore que resplandecia em lilás, uma criança envolvida numa aura prateada e o lago encrespava-se de ouro líquido.

Nelson foi andando para casa, prometendo a si mesmo caprichar no capítulo seguinte. Seria um trecho admirável e perturbador da história dos Martín Vásquez. Seu compromisso, assumido com Alfredo, era contar os fatos da maneira mais fiel possível. Conseguiria?

QUADRO 4

PARA SABER CUMPRIR...

- Jamais prometa para **agradar** ou **iludir**.
- Não prometa o que sabe que **não poderá cumprir**.
- Calcule os **riscos**.
- Nunca use a promessa como **propaganda**.
- Não abandone promessas. **Pague as dívidas** assumidas por você ontem.
- Assuma seus erros. Faça **correções imediatas**.
- **Envolva-se** nos assuntos do grupo e assuma a responsabilidade também pelas decisões coletivas.
- Planeje suas **ações** com base numa relação de ganha-ganha.
- **Socorra o outro** se sua decisão o prejudicou.
- Assuma os erros da **equipe** como seus. Jamais atire culpa nas costas dos colegas.
- Renuncie ao benefício pessoal se puder favorecer o **coletivo**.
- Ofereça-se para participar de **novos projetos**. Mas, se assumir tarefas, cumpra-as à risca.
- Saiba que voluntários não são menos responsáveis que aqueles designados para uma função. Também **é preciso cumprir**.
- O significado do voluntariado é **"ir além do dever"**, como diz Vicente Ferrer.
- Estabeleça seus **limites** e faça com que os outros os conheçam.

CAPÍTULO 5

Questões urgentes de bom senso e coerência...

A decisão sobre o caso Chávez deu a Alfredo uma excitação quase sexual. Carregara-se de testosterona e sentia-se viril e poderoso. À noite, em casa, correu cinco quilômetros na esteira e executou inúmeras repetições com os halteres. Admirando-se no espelho, orgulhou-se do suor que marcava a camiseta sobre o peito. Depois da ducha gelada, fez tocar em mil *watts* RMS a canção "Shotgun blues", do Guns n' Roses.

Animado, olhou para Balão, seu belo *golden retriever*, como sempre prostrado num enorme pufe de veludo púrpura. Agitando as mãos, Alfredo convocou-o a dançar e compartilhar de seu entusiasmo. Como o cão não se movesse, Alfredo reiterou a opinião que tinha sobre o bicho: "É mesmo um idiota, não serve para nada". Ao observar os modos do dono, Balão formulou na língua canina uma frase que poderia ser traduzida como: "É mesmo um idiota, não serve para nada".

Alfredo, então, projetou a cabeça para fora da janela, acompanhando Axl Rose em espetacular desafino, molestando os ouvidos da vizinhança. Naquele momento, percorrido pelo vento frio, cogitou até repetir em alto brado o mote de *Titanic* ("I'm the king of the world"), mas sentiu-se tolo e resolveu calar-se por um instante. Mirando o horizonte, localizou a iluminada torre de TV e, assim, os arquivos cerebrais reproduziram, como em um filme, uma das sagas que protagonizara ao lado de Carla.

Ela o convencera, um dia, a escalar aquele que chamava de "grande pênis urbano". Por volta da meia-noite, graças a uma série de subornos bem planejados, conseguiram alcançar o terraço do prédio. Uma hora depois, atingiram o segundo patamar da torre. Sentaram-se e balançaram os pés sobre o nada amarelado e leitoso das lâmpadas de vapor de sódio. Entre sorrisos marotos, a moça sacou da mochila lilás uma garrafa de tequila Cuervo, dois copinhos, sal e limão. Beberam demais...

Minutos depois, atingiram a base da antena principal. Em pé sobre um estreito anel circular, abraçaram-se e trocaram beijos apaixonados. De repente, imaginando-se iludido pelo álcool, Alfredo viu-se tocado por dois fachos luminosos. Eram os holofotes da polícia, apontados de dois helicópteros que giravam em torno do edifício.

Aquela aventura rendeu prisão, pito de delegado e uma ameaça de processo. Genaro precisou intervir. Recorreu assim a um expediente que detestava, misturando negócios com interesses pessoais. Como anunciante da emissora dona do prédio, ameaçou romper os acordos comerciais se a empresa insistisse na queixa.

No dia seguinte, à porta da delegacia, Alfredo ouviu apenas uma frase do pai:

– É mesmo um idiota, tonto e irresponsável: nunca vai ser nada na vida! E não quero conhecer essa sua namorada debiloide. Está cancelado o almoço de domingo.

Carla permaneceu no xadrez por mais um dia, até que um tio-avô advogado fosse resgatá-la.

Anos depois, ali na janela de seu apartamento, Alfredo ainda podia sentir os calafrios produzidos por aquela insólita experiência. De algum modo, ainda pairava no ar o floral perfume de Carla. Quis trocar ideias sobre o assunto com alguém, e pensou em Balão, ainda cochilando ao lado do sofá. Na esperança de despertá-lo, atirou uma almofada sobre o cão, que reagiu com um meneio de cabeça e um gemido entediado. "É um imbecil", pensou Alfredo. "É um imbecil", decretou Balão, tentando recuperar o sonho em que namorava uma esbelta fêmea adornada por uma coleira rosa.

Alfredo tomou um gole de uísque puro, correu até o quarto e se pôs a fuçar na gaveta do criado-mudo. Sem dificuldade, encontrou uma antiga agenda particular. Entre a última página da letra B e a primeira da letra C, havia uma pétala de gardênia prensada, recordação de uma viagem de descobertas pelos Estados Unidos. Carla lhe dera a flor enquanto ouviam "Blue gardenia", de Nat King Cole, na beira de uma estrada deserta. Alfredo não era lá muito romântico, mas se permitira, secretamente, guardar uma lembrança daquele momento.

O primeiro nome na letra C era o de Caio, um amigo do colegial. Depois vinha o nome Carla. Outra Carla, porém, a fisioterapeuta. Em seguida, vinha mais uma Carla, uma agente de seguros. Em quarto lugar, aparecia "sua" Carla, com vários números de telefone riscados, resultado de suas inúmeras mudanças de endereço e da mania de perder celulares.

Alfredo hesitou. O dedo sobre o nome da moça se aqueceu, suou e borrou de bic verde a página amarelada. Decidiu, então, pensar mais, botar argumentos na balança. Valeria mesmo a pena restabelecer contato?

O livrinho de capa de couro voltou para a gaveta. Houve um momento de saudade, de saudade boa, aquela que religa os sentidos e restaura o afeto. O executivo alpinista deitou-se sobre o grosso edredom negro para sonhar, e logo tinha Carla sob seu corpo, num voo a dois em asa-delta. Abaixo, uma cidade grega, alvíssima, contrastada com o mar azul profundo. Uma procissão caminhava pelas vielas, liderada por um sacerdote da Igreja ortodoxa, todo vestido em negro, com paramentos em ouro. Seria um casamento? Seria um cortejo fúnebre? E, assim, em dúvida, cismado, dormiu...

No dia seguinte, ainda eufórico com a decisão sobre Chávez, Alfredo resolveu legislar mais um pouco. Acordou imaginando que a imposição de regras poderia solucionar todos os problemas da Órion. Solicitou a Júlia uma série de documentos sobre a frequência de funcionários, inclusive do alto escalão. Analisando-os, sem muita paciência, percebeu que o número de faltas era elevado. Entre os gerentes, que batiam o cartão de ponto, o número de atrasos também era expressivo.

– Júlia, vamos botar ordem nesta casa – disse, em pé, ao lado da mesa da secretária.

– Como assim?

– Vamos cobrar disciplina desse pessoal. Tem gente ganhando para não trabalhar.

– Funcionários fantasmas?

– Não, gente que não é assídua e não cumpre os horários estipulados nos contratos.

Alfredo acessou a internet e leu sobre Salomão e Moisés. Tinha interesse em seus atos disciplinares. Depois, dedicou-se a criar um sistema que estabelecia um banco de horas, plantões, rodízios e escalas de folgas para o setor administrativo. Criou também uma série complexa de regras de conduta e estipulou punições para aqueles que não as respeitassem.

Júlia o observava desconfiada, perguntando-se se tudo aquilo era realmente necessário. Desde os tempos de Manolo, a empresa jamais fora extremamente rigorosa nesse campo. Exigia-se comprometimento e cumprimento de metas. O "como" era de menor importância. O próprio Genaro era, a seu modo, um entusiasta dos regimes laborais flexíveis. E, não raro, dormia durante o dia e passava as noites trabalhando no escritório.

Em dado momento, Alfredo resolveu determinar até os procedimentos diários a ser seguidos pelos gerentes graduados, em cada uma das áreas.

– Veja aqui, Júlia. Eles devem chegar, acessar a caixa de e-mails, responder aos mais urgentes e transferir os demais para uma pasta adicional, que deve ser consultada no fim do dia. Em seguida, os gerentes das categorias B, D e F devem consultar os indicadores financeiros desta agência de notícias. Desta, especificamente, e não de outra. Devem almoçar preferencialmente entre 12 horas e 14 horas. À tarde, é fundamental que confiram o andamento das atividades confiadas a seus colaboradores diretos. No final do dia, precisam verificar todos os mapas de produção e compará-los com aqueles do dia equivalente na semana anterior. Antes de saírem, também é necessário que escrevam um pequeno diário das ocorrência do dia.

Por fim, é fundamental que arrumem suas mesas e deixem tudo em ordem. Nada de copinho de café sobre as escrivaninhas.

Júlia arregalou os olhos, assustada, procurando imaginar quando a obsessão regulamentarista do chefe a atingiria. Ouviu, quieta, e dirigia-se para sua sala quando, num rompante, decidiu expor sua opinião.

– Bom, o senhor me desculpe, mas eu tenho alguma experiência nessa área. A cultura da empresa não é bem essa...

– Você acredita que essa bagunça vai nos levar a algum lugar?

– Não, eu sou adepta da ordem. Veja minhas coisas...

– Então, por que está contestando?

– Eu nem disse nada ainda... Bom, mas se minha opinião não é bem-vinda peço que me desculpe – disse, baixando a cabeça e retomando seu caminho.

– Ei, ei, ei... Não precisa ficar amuada. Pode falar, dona Júlia!

– Não é nada, não... Mas isso que o senhor fez me lembra o taylorismo, aquela coisa do engenheiro da administração científica. Esses métodos são cheios de cronometragens, modelos de repetição, atos ensaiados... Pessoalmente, creio que lembra uma ditadura operacional...

– Você está exagerando, Júlia...

– Eu disse que "lembra"... Onde fica a espontaneidade das pessoas? Será que elas serão capazes de criar e inovar num ambiente de repetições, em que tudo é imutável?

– Não é por aí... Eu sei muito bem que as empresas de hoje precisam se reinventar o tempo todo...

– Então, mas as empresas são feitas por pessoas... Se tiverem de cumprir esses roteiros detalhados, certamente vão estar mais preocupadas com o ritual do que com o trabalho, se é que me entende...

– Júlia, eu vejo muita desordem por aqui... Se eu não assumo a autoridade, reclamam. Então, preciso assumir algum controle sobre este negócio... Se me pediram para assumir, tenho de estabelecer meu código de Hamurabi...

– Eu nem sei por que estou discutindo com o senhor. Eu não tenho qualquer autoridade e conhecimento para me meter nesses assuntos...

– Eu quero ser um líder democrático, Júlia. Diga sempre o que considerar apropriado. Se for bom para a organização, está valendo...

– Acredito que suas intenções são as melhores, mas não gostaria de trabalhar numa instituição engessada.

– Como assim, engessada?

– Dura. Em que somos peças de uma engrenagem, em que a nossa subjetividade não conta.

– Mas no que essas regras básicas impedem as pessoas de pensar?

– Creio que existe um limite para essas cartilhas de procedimentos. Se o líder se empolga muito, ele cria um internato vitoriano... Ou, então, uma fábrica como aquela de *Tempos modernos*, em que o Carlitos sofre entre esteiras e catracas... – disse Júlia, enrubescida, temendo ter se excedido na crítica.

– O que estou imaginando tem mais a ver com um... um... um novo toyotismo, Júlia, com educação, qualificação e algo que lembre a mecanização flexível... Não quero as pessoas fazendo sempre a mesma coisa, mas executando o que é necessário, quando for necessário.

– Mas e a obsessão pelas regras?

– Um sistema ideal precisa de gente qualificada, participativa e polivalente, capaz de propor mudanças e aperfeiçoar processos, como fizeram os japoneses depois da Segunda Guerra... Agora, eles eram japoneses, tinham outra cultura... Dava para confiar naqueles operários... Já ouviu aquela expressão "Garantido, no?".

– Eu não sei o que pensar... Talvez isso seja um mito. Por que não dá para confiar na nossa gente? Quando assumem os valores da empresa, quando acreditam neles, as pessoas daqui costumam se mobilizar tremendamente. Já vi gente do chão de fábrica passar três dias na frente de um torno mecânico para fazer vingar um projeto.

– Mas tudo isso sem planejamento, sem regra, Júlia... Tudo no oba-oba...

– É que a gente não tem a cerimônia do chá, Alfredo. A gente se diverte com cerveja, com outra música e outro ritmo. E todos nós, asiáticos ou latinos, temos nossas virtudes e também nossas fragilidades... Por que não aproveitar o nosso jeito de ser? Olha, a Órion tem vários descendentes de japoneses no seu quadro de funcionários. São disciplinados e esforçados, sim. Mas são muito diferentes de seus primos do Japão. Afinal, são brasileiros, têm mais ginga, mais jogo de corpo...

– Eu não sabia que você também era antropóloga, Júlia... Mas de onde você tirou a ideia de que eu pretendo tolher o instinto criativo do pessoal?

– Eu sei bem o que esses transes regulamentaristas costumam produzir...

– Sabe nada, Júlia... Desculpe, mas você não sabe de nada...

Nesse momento, a secretária sentiu-se ofendida. Retesou os músculos faciais para segurar o choro. Respirando com dificuldade, quis retomar seu posto.

– Fica aí, Júlia. O que os tais transes regulamentaristas costumam produzir?

– Nada não, dr. Alfredo, nada – respondeu, com a voz embargada.

– Estou intimando você a dizer. Você é minha funcionária e tem de me obedecer – retrucou Alfredo, agastado.

– Acho melhor o senhor conversar sobre essas coisas com o doutor Armando – observou Júlia, secando com o dedo anular a lágrima que apontava no canto do olho direito.

– Eu não quis ser grosseiro com você. Entenda a minha situação – ponderou o chefe.

– Há dez anos, seu pai contratou uma empresa externa de consultoria – contou Júlia. – Eles ficaram três meses entrevistando pessoas, fotografando, filmando, montando gráficos e tabelas de produção.

– E qual foi o resultado?

– Veja bem. Imagine o Cláudio e o Pedro, os moços de criação e desenvolvimento de jogos.

– Sim, eu conheço os dois. Vinha brincar com eles na minha adolescência.

– Pois é, tem dias em que eles parecem estar enganando a empresa – disse Júlia.

– Como assim?

– Eles tiram a gravata e o paletó e vão passear em parques da cidade, vão visitar escolas...

– Eles fazem isso? Mas que canalhas! – exasperou-se Alfredo.

– Espera! Quando eles fazem isso, estão trabalhando também. Estão buscando conhecimento fora da organização. Estão coletando dados no ambiente externo. Estão procurando novas fórmulas lúdicas, novos jeitos de comunicar, novos modelos de diversão. E isso eles precisam fazer conversando com pessoas nesses lugares.

– Sim, faz sentido...

– Pois é, por vezes, eles ficam um mês sem produzir nada. Até que um dia, sabe-se lá como, desenvolvem uma ideia genial. Foi depois de uma visita dessas, numa escola pública, que conceberam o "Investidor Júnior". Esse jogo já vendeu quase um milhão de cópias. É criação nossa e já foi licenciado em 24 países. Mais do que os ganhos financeiros, esse produto ativou e fortaleceu o nosso *brand*...

– Tá, mas e daí? O que isso tem a ver com a consultoria externa?

– Então, naquela época, os gênios da produtividade chegaram à conclusão de que o Cláudio e o Pedro não trabalhavam. Disseram que eram totalmente dispensáveis, que a empresa lucraria com suas dispensas...

– E, obviamente, meu pai não os demitiu.

– Demitiu, sim. Hipnotizado pela numeralha dos consultores, dr. Genaro pôs muita gente na rua. Cláudio e Pedro foram os primeiros da lista.

– Poxa, mas pensei que fossem funcionários de confiança de meu pai...

– Todos acreditavam nisso, mas a realidade não era bem essa.

– E o que aconteceu depois?

– Depois das demissões, todo o segmento passou a produzir menos. O grupo ficou desmotivado. As pessoas se convenceram de que pensar e criar era um crime. Passaram a repetir padrões, a copiar, a buscar "quantidade" e não "qualidade".

– Lembro-me vagamente desses problemas...

– Pois é, dois anos e meio depois, nosso *market-share* nesse segmento tinha diminuído substancialmente. Jovens empresas estavam literalmente devorando nossa clientela.

– Foi mesmo? Nessa época, eu estava meio desligado...

– Com uma tremenda cara de tacho, seu pai precisou correr atrás do Cláudio e do Pedro, que já estavam bem colocados num concorrente. Eles resistiram e pediram altos salários para retornar.

Seu pai teve de pagar. E foi assim que eles reocuparam seus postos. Um ano depois, voltamos a liderar o segmento.

– Tá... E qual a lição disso tudo?

– Bom, eu não sei bem... Mas desconfio que a ciência dos números explica somente uma parte do sucesso de uma empresa. O restante vem da cultura, do subjetivo, do intangível... Depois de uma tarde jogando dadinhos, Cláudio e Pedro podem ter uma ideia que vai render milhões de dólares para a Oficina da Alegria.

– E o que mais, professora?

– Creio que é preciso conhecer processos, mas também entender as pessoas, identificar suas singularidades, suas virtudes. Se há honestidade e clareza nessas relações, se há compromisso e entrega, estabelece-se um laço de confiança. No caso de Cláudio e Pedro, seu pai deixou que o blá-blá-blá tecnicista derrubasse a confiança que tinha nesses colaboradores.

– Júlia, por que você não vai dar palestras por aí? Tá parecendo guru... – disse Alfredo, contrariado, respirando fundo e voltando-se para a ampla janela do escritório.

– Posso ir agora? – perguntou Júlia, indecisa, diante do silêncio do patrão.

– A verdade é que vocês querem e, ao mesmo tempo, não querem que eu lidere – filosofou Alfredo. – Francamente, não consigo entender o que desejam de mim.

– Dr. Alfredo, o senhor é um esportista, não é?

– Não sei... Eu sou?

– Sim, o senhor escala montanhas. Alpinismo é um esporte.

– Pode ser... Acho que sou montanhista e não alpinista.

– Então, existem as regras para subir uma montanha, os equipamentos adequados e até um código de ética entre os praticantes...

- Sim...

- Mas não haveria aventura se não houvesse algum risco, invenção e ação criativa, não é?

- Sim, cada subida é diferente da outra, mesmo que o trajeto seja o mesmo.

- Então, é no fazer diferente que está a graça do negócio, não é?

- Aonde você quer chegar?

- Bom, isso é da minha cabeça, mas eu penso que tem um limite para as regras e regulamentos. Muita coisa se sabe por conta do bom senso. Muita coisa se aprende no caminho, durante a jornada. Afinal, assim é a vida humana...

- Mas o que tem a ver minha vida de montanhista com o meu cargo de gestor, Júlia? Não me embroma...

- Talvez uma questão de coerência... Se o universo das regras escritas é limitado até no alpinismo, também deveria ser aqui na empresa. Não acha?

- Júlia, vai pegar um café e uma Coca-Cola pra mim! - ordenou Alfredo, paralisado, cravando os olhos nas serras distantes que abraçavam a cidade.

Alfredo tinha herdado pelo menos duas características do pai: a teimosia e certa reverência religiosa pela intuição. Muitas vezes, Genaro contrariava conselheiros e consultores, atirando ao cesto de lixo seus detalhados estudos sobre produtos e estratégias comerciais. Tomava suas decisões com base unicamente em sonhos, interpretações de uma página da Bíblia aberta ao acaso ou até mesmo na decodificação pessoal de uma conformação de *cumulus nimbus*.

Em algumas ocasiões, acertava. Noutras, cometia graves equívocos. Secretamente, Júlia acreditava que os oráculos e adivinhações constituíam-se em pretextos inconscientes destinados a validar o primado da vontade. Eram, de alguma forma, artifícios criados para justificar certo exercício autoritário do poder.

Ela valorizava o equilíbrio entre intuição e razão, entre objetividade e subjetividade, mas detestava as apostas de Genaro. "Tem dias em que ele confunde isto aqui com suas noitadas no turfe", pensava, inquieta.

Por iniciativa de Marco De Grandis, o diretor do marketing, a Órion desenvolvia um programa de inteligência organizacional com base na comparação permanente de produtos, serviços e práticas empresariais, tomando como referência os principais concorrentes e corporações líderes. A ideia era aprender com os outros *players* do mercado, aprimorar práticas e estabelecer vantagens competitivas.

De acordo com De Grandis, esse *benchmarking* era uma espécie de escola viva, que permitia à empresa aperfeiçoar-se, perceber oportunidades e identificar ameaças. "Se sabemos onde os outros tropeçaram, podemos tomar outro caminho", predicava o diretor, sempre prático e prudente.

Genaro fingia valorizar o programa, pois se tratava de uma ação fundamental na moderna gestão. Poucas vezes, entretanto, utilizava os relatórios de De Grandis para tomar decisões. Alfredo parecia seguir pela mesma trilha. Naquele início de ano, recebera do diretor um aprofundado estudo sobre horizontalização da hierarquia, educação permanente, desburocratização e distribuição de poder.

– A ordem é reduzir as distâncias de poder, Alfredo – disse De Grandis. – E para isso é preciso construir um ambiente propício ao fortalecimento do compromisso e da confiança.

– Muito bonito. Acho que um dia chegaremos lá – respondeu Alfredo, sem muita convicção. – O problema é que o ser humano é fraco, cheio de falhas. Muitos são preguiçosos e aproveitadores.

– Alguns podem ser assim, mas a maioria responde positivamente ao estímulo, Alfredo. Depende da liderança constituir um ambiente de trabalho que valorize as pessoas e instaure nelas o senso de responsabilidade.

– Sei não, Marco, sei não. A realidade tem mostrado que não é bem assim. Gente que tratamos bem, que ajudamos, acabam nos dando as costas.

– Certamente isso vai ocorrer. Renovar uma cultura organizacional não é fácil. Mas é preciso separar as coisas. Muito do que se fez aqui foi paternalismo. Desculpe-me, mas seu pai costuma chicotear e depois afagar. Esse tipo de conduta não gera comprometimento e normalmente não instaura a confiança. Criam-se relações de medo e dependência...

– Alto lá – repreendeu-o Alfredo. – Veja como fala do meu pai. Ele fez disso aqui um império. E ele está vivo, entendeu? Logo, vai retomar seu lugar.

– Eu não quis ofender o dr. Genaro, me desculpe. Mas os problemas da empresa estão intimamente ligados a um tipo de "gestão agrícola", típica das fazendas de café do início do século 20. O dono da propriedade costuma ser cruel e injusto, mas também oferece prêmios e proteção aos que lhe são fiéis. Ele cria um séquito de bajuladores, e não de colaboradores autênticos.

– Francamente, isso me parece um insulto, Marco. Você não pode misturar o mundo da teoria com o mundo real. Deixe essas teorias para suas aulas na faculdade. Aqui, meu caro, o bicho pega.

Na segunda-feira seguinte, Alfredo chegou à empresa com a barba por fazer, com cara de maldormido. Debaixo do braço, carregava uma massa de papéis manuscritos. Era um compêndio de regras para, segundo ele, organizar, dinamizar e modernizar a organização. Deixou o calhamaço sobre a mesa de Júlia e ordenou-lhe que digitasse imediatamente o material.

O serviço foi realizado com a ajuda de duas secretárias assistentes. A todo instante, as moças precisavam recorrer ao autor para decifrar seus garranchos. Nesses momentos, quase sempre tensos, Alfredo resolvia agregar novas ideias ao texto ou suprimir trechos que considerava inadequados. Por vezes, minutos depois, decidia eliminar os textos agregados e reinserir aqueles suprimidos. O trabalho concluiu-se pouco antes da meia-noite, quando Júlia e as digitadoras foram finalmente dispensadas.

Na terça-feira, Alfredo convocou uma reunião de diretoria para apresentar seu novo guia de regras e procedimentos. A pequena assembleia teve início às 8 horas do dia seguinte. Com semblante sério, o novo comandante da Órion sentou-se à ponta da mesa e iniciou uma pausada leitura do documento, já replicado em dezenas de caderninhos distribuídos aos interlocutores. Interrompia-se de quando em quando para justificar ou detalhar as medidas.

A página 96, a última, foi alcançada depois de três horas. Com um sorriso amarelo, Alfredo tentou brincar:

– Simples, não é? Querem que eu repita?

– Mas nem que a vaca tussa... Pelo amor de Deus! Você botou Fidel Castro no chinelo – protestou Armando, com uma franqueza constrangedora.

– Pois é, vamos ver quem é que vai obedecer – emendou Mário, com ar zombeteiro, enquanto acariciava a grossa sobrancelha.

– Sinceramente, a avaliação que fizemos de algumas organizações líderes de mercado mostram uma conduta diferente neste caso. O regulamentarismo tem sido substituído por outras políticas de gestão... – comentou Marco De Grandis.

– Para, para, para, meu chapa – irritou-se Alfredo. – Quer me sabotar? Você está comigo ou contra?

– Não é por aí, Alfredo. Estou me referindo ao trabalho de comparação que nós...

– Caramba, de novo esse programa? Você só fala nisso. Troca o disco. Afinal, quanto é que nós gastamos com esse projeto?

– Muito, mas estamos nadando em dinheiro. Não é? Então, podemos financiar pesquisa acadêmica aqui na empresa – interveio Mário, depois de soltar uma longa baforada de seu charuto.

– O que o senhor está insinuando? Tem algo contra mim? Diga agora, prove... – exaltou-se Marco De Grandis.

– Alfredo, estamos dispensados? Gostaríamos de digerir tudo isso ao longo da semana. Podemos marcar outra reunião para discutir a implantação desse modelo? – adiantou-se Armando, tratando de conter o diretor de marketing.

– Não vai ter outra reunião. Está tudo explicadinho aí no guia. Vocês foram devidamente informados. Está valendo. Vou cobrá-los. Aliás, criei um canal virtual de comunicação com a presidência para discutir o assunto diretamente com os colaboradores. O e-mail será divulgado em cartazes nas seções e nos corredores. Tenham um bom dia de trabalho.

O chamado Plano de Reorganização Funcional (PRF), batizado de "cartilhinha" pelos funcionários, causou uma revolução na empresa.

Muita gente reclamou. Outras, no entanto, festejaram a edição do regulamento.

– Isso é muito bom para acabar com essa vagabundagem e prevaricação – comentou Márcia, uma das secretárias-executivas, durante um ***happy-hour*** de sexta-feira.

– Mas eu não gostei das regras sobre as nossas roupas – arriscou Carmen. – Tive de mandar baixar a barra de duas saias.

– Tá mais é certo. Tinha muita menina que vinha aqui para aparecer. Parecia mais concurso de beleza – retrucou Márcia, abotoando seu terninho preto.

– Acho que o bom senso basta nessas questões. Não era preciso impor um código tão rígido assim – manifestou-se Júlia, que não encontrava ânimo para discutir o assunto.

– Eu considero isso tudo muito apropriado, porque era preciso colocar alguma decência na Órion. Eu já estava farta daquelas exibidas, especialmente as peruas do marketing – opinou Jane. – Mas determinar o tamanho dos saltos dos nossos sapatos foi um exagero.

COM O PASSAR DOS DIAS, criou-se um sistema informal de vigilância e delação. A caixa postal do endereço eletrônico "Fale com a presidência" ganhou uma série de denúncias anônimas.

– A sra. Bruna, do contas a pagar, costuma usar um decote que infringe as normas da empresa – escreveu uma funcionária.

– O diretor financeiro não tem acessado os indicadores nos horários apropriados – comunicara outro colaborador.

Alfredo mostrou algumas dessas mensagens a Júlia. Eufórico, procurou mostrar os benefícios de sua gestão intervencionista:

– Viu? Tenho muita gente do meu lado. Agora, a empresa vai entrar nos eixos.

– O senhor ainda precisa de mim ou posso ir?

– Não vai me dizer que você está contra mim? Está contra mim?

– Não estou contra ninguém, dr. Alfredo.

– Mas olha aqui. Esta pessoa aqui está contando os podres do Francis. Diz que ele andou saindo com uma assistente... – revelou o chefe, satisfeito por invadir indiretamente a privacidade dos comandados.

– E ele não pode ter amizades? Isso também é proibido?

– Mas ele é casado, Júlia...

– E quem pode provar que ele está tendo um caso com a assistente? E, mesmo que estivesse, o que a Órion tem a ver com isso?

– Essas coisas influem, Júlia... Não seja ingênua. O PRF já é um sucesso.

– Isso não pode virar uma segunda Inquisição. É minha opinião. E, por favor, rogo que me livre dessas revelações.

– Olha isso, Júlia. O Cláudio vem trabalhar sem meias e também... – disse Alfredo, vendo a porta do escritório fechar-se atrás de uma Júlia mais envergonhada que aborrecida.

Depois de três semanas, a tensão vigilante havia aumentado. Muitos diretores e gerentes, à boca pequena, nos corredores, afirmavam que o próprio Alfredo não respeitava a "cartilha". Chegava atrasado às reuniões, faltava a compromissos, ignorava dados importantes dos mercados e, além disso, tinha uma mesa totalmente desorganizada, em que documentos importantes acabavam impregnados da gordura de coxinhas de frango ou de *catchup*.

- É uma incoerência total. Ele cobra, mas não dá o exemplo. Me deixou esperando por mais de duas horas, esta manhã - reclamou José Amaro, o gerente industrial da unidade de autopeças, numa conversa com Francis.

- E ele se desculpou?

- Limitou-se a dizer que o despertador não tinha funcionado - explicou.

- Pois é, a "cartilhinha" insiste muito na pontualidade. Como é que pode? Mas vamos tocando que logo esse regulamento cai em desuso. Tem lei que pega. Tem lei que não pega.

Nesse período, a secretária Márcia passou a cuidar especificamente das questões associadas à implantação do PRF. Numa tarde, na área do cafezinho, foi abordada por uma colega.

- O que acha se eu voltar a usar meus sapatos antigos, salto 9? Será que alguém vai reparar? - perguntou-lhe Jane, com a franqueza habitual.

- Nem pensar, Jane, nem pensar. Vou fazer de conta que não ouvi essa bobagem. Eu mesma relataria seu delito - respondeu-lhe Márcia, em tom severo, erguendo-lhe o indicador em sinal de reprovação.

- Ah... Mas, convenhamos, aqui vigora o "Faça o que eu digo; não faça o que eu faço"...

- Até admito que existe certo fosso entre o discurso e a prática, mas não é motivo para abandonarmos essa cruzada... moral... - empolgou-se Márcia.

- Mas pensei que tudo isso se resumia a uma questão, digamos, operacional... - observou Jane, pasma.

- Uma coisa tem relação com outra... Pena que tenhamos um fraco no comando... Pena... - lastimou Márcia.

Nessa época, inúmeros casos de supostas infrações haviam sido denunciados, muitos deles em unidades industriais. Em alguns casos, eram registradas acusações em reciprocidade. Juanita, da área de recursos humanos, por exemplo, afirmava que seu colega Savério não declarara corretamente, na ficha de controle de deslocamento, os horários em que saíra para ir ao banheiro. O acusado, em outra mensagem, atribuía à sua detratora a mesma falha.

Certa manhã, diante do que considerou "grande desordem", Alfredo decidiu compor duas comissões de sindicância para apurar os casos mais graves. Funcionários de vários departamentos foram convocados a compor as equipes de investigação. Esses doze colaboradores ganharam até mesmo um broche de lapela, com as iniciais PRF e a imagem de uma lanterna acesa, uma referência ao grego Diógenes, que, munido de uma espécie de lampião, vagou pelo mundo à procura de honestidade.

Logo, esses funcionários foram apelidados de "lanterninhas". Certa manhã, as paredes de quatro mictórios apareceram pichadas com tinta *spray*:

– Morte aos lanterninhas!

Alfredo ficou irado ao ser informado dos atos de vandalismo. Prometeu demitir os autores por justa causa. Para proteger os sindicantes, instaurou outra comissão, específica para apurar a ação daqueles a quem chamou de "agitadores bárbaros". Como era secreta a identidade dos membros dessa falange oficialista, o clima de desconfiança alastrou-se pela corporação.

Numa manhã chuvosa, um segurança ouviu gemidos e foi inspecionar a área de estoque de recicláveis, na divisão de fios e cabos. Lá, mergulhado em uma montanha de raspas de plástico, encontrou Hugo, o supervisor de qualidade. Ferido, em choque, foi removido para o hospital, onde mais tarde deu sua versão para os fatos.

– Eram cinco da manhã. Cheguei mais cedo para inspecionar o funcionamento da máquina nova, a que compramos dos belgas. Quando transitava entre a planta 5 e a 6, acabei abordado por dois homens vestidos de preto, com meias de mulher na cabeça. Eles gritavam: "Traíra, traíra, safado, Judas!" Fui espancado e perdi a consciência. Acordei já com céu claro.

O incidente gerou até uma reportagem de TV. Membros do sindicato concederam entrevistas em que denunciavam um "clima de terror" na Órion. No dia seguinte, logo cedo, várias assembleias paralisaram a maior parte das unidades fabris. À tarde, departamentos do setor administrativo também interromperam suas atividades.

Pouco antes das 17 horas, em razão dos acontecimentos, Armando teve uma crise de asma. Mesmo assim, foi conversar com o cunhado.

– Alfredo, o que eu digo para a imprensa? Estão no meu pé. TV, rádio, jornal...

– Diga que ocorreu um acidente com o Hugo.

– Mas não é verdade. Ele mesmo já disse que foi agredido. Você não assiste à TV?

– E quem o autorizou a falar com a imprensa? Isso está vetado. Está na cartilha...

– Ele quase perdeu um olho, Alfredo. Vai ter de ser operado. E, pior, ele não fazia parte de nenhuma das suas comissões. Não era lanterninha e não tinha qualquer relação com a tal comissão antissubversiva.

– É gente de fora infiltrada aqui, Armando. Gente dos concorrentes está sabotando nosso projeto. Eles não conseguem admitir o sucesso do PRF e estão tentando acabar com ele...

– Que é isso, Alfredo? Me desculpe, mas isso é paranoia...

– Meça suas palavras, meça suas palavras... Não é porque é casado com a minha irmã que pode me desrespeitar... Eu não admito, hein? Não admito...

– Você precisa dar uma entrevista coletiva. Falar com os jornalistas. Eu preparo um texto, você lê ao pessoal e...

– Não preciso de *media-training*, Armando. Eu sei o que vou dizer... Convoque para amanhã, às 10 horas...

Na madrugada, um incêndio destruiu um pequeno depósito da unidade de fertilizantes. A entrevista coletiva iniciou-se, portanto, num clima de tensão. Alfredo suava em bicas.

– Essa política de caça às bruxas é responsável pelo desmoronamento do império dos Martín Vásquez? – indagou um jovem repórter.

– Não caia na provocação dele – murmurou Armando ao ouvido do cunhado.

– Quem é você para dizer uma sandice dessas? – respondeu Alfredo, sem dar atenção ao conselho. – Você não sabe nada dessa empresa e quer fazer sensacionalismo para vender jornal vermelho. Próxima pergunta...

– O que gerou tamanho descontentamento a ponto de colocarem fogo numa instalação da empresa? – indagou uma jornalista.

– O incêndio nada tem a ver com isso. Foi um acidente.

– Essa versão já foi confirmada pelos peritos?

– Não... Ainda não...

– Nos escombros, entre as cinzas, fotografamos uma parede com a inscrição "Morte aos lanterninhas"... – informou a moça.

– Alguém deve ter plantado isso lá. A concorrência está tentando se aproveitar disso...

– O senhor está acusando a Goldplast, a General Equipments ou a Ludometal?

– Eu digo e repito que...

Nesse momento, o microfone de Alfredo foi desligado. Em seguida, Armando tomou a palavra e encerrou a coletiva, sob os protestos dos jornalistas.

Seguiu-se uma acalorada discussão na sala de reuniões da diretoria. Fracasso. Fracasso total. Assim o corpo diretivo avaliava o encontro com a imprensa. Alfredo, arfante, mordendo os lábios, acusou Armando de tê-lo desautorizado e humilhado diante da mídia.

– Esses sujeitos são abutres. Procuram sempre destacar o que é pior – argumentou Armando. – Você estava exposto, vulnerável e estava expondo a empresa.

– Isso não podia ser feito dessa forma. Fui tratado como um incapaz, na frente das câmeras – reagiu Alfredo, trêmulo de raiva.

– Você precisa considerar que esses fatos estão erodindo o nosso prestígio, destruindo a nossa marca. É preciso ter ponderação nesse momento – afirmou Marco De Grandis.

– Alguém precisa ter coragem de enfrentar esses irresponsáveis – disse Alfredo, bufando.

– Você não tem qualquer prova de que um dos concorrentes tenha ligação com o incêndio. Isso pode nos render um processo. O Armando fez bem em... – adendou De Grandis.

– Fez porra nenhuma, fez porra nenhuma... – destemperou-se Alfredo, esmurrando a mesa, descontroladamente.

A reunião findou-se assim. Fez-se silêncio. Um a um, lentamente, os diretores retornaram a suas salas. Alfredo permaneceu só, debruçado sobre a mesa, mergulhado em seu mais pesado pranto.

Nelson concluiu esse capítulo dramático com um aperto no coração. Será que seus clientes ficariam satisfeitos com a narração dos fatos? Teria sido fiel aos acontecimentos? Sua pena teria sido leve demais? Ou pesada demais? O trecho exibia os subterrâneos da empresa em um momento crítico, conhecido do público comum somente pelas manchetes sensacionalistas dos jornais e revistas.

Dessa vez, entretanto, não poderia encontrar-se pessoalmente com seus amigos Leila e Gasalla. Ambos estavam na Espanha, realizando um ciclo de palestras em empresas do setor de serviços. Mesmo assim, tentou uma solução virtual. Enviou-lhes o texto e perguntou se poderiam entabular uma conversa na sala de bate-papo de um portal da internet. A dupla aceitou e reservou um final de noite para a sessão.

Eis a transcrição da conversa...

Nelson: Como vão vocês por aí? Já assistiram a algum jogo do Barcelona ou do Real Madrid?

Leila: Mal temos tempo para as refeições. E olha que é tudo rapidinho. Ainda espero comer uma boa *paella* no fim de semana.

Gasalla: Não tenho tempo nem para a bicicleta.

Nelson: Pelo menos algum *show* de música flamenca?

Leila: Vamos a Sevilla na terça-feira da semana que vem. Não saio de lá sem assistir pelo menos a um *show*.

Gasalla: É, a parte boa do nosso *tour* vai ser pela Andaluzia. E aí, como estão as coisas?

Nelson: Tudo bem. Ainda preocupado com esse capítulo. Falei com várias pessoas e não sei se captei perfeitamente o clima da empresa nessa época.

Leila: Eu fiquei boquiaberta. Como dizia Einstein, a estupidez humana não tem mesmo limites.

Gasalla: Eu não sabia que a sequência de patetadas era tão grande, mas já vi esse ritual de burrice em outras empresas. É uma psicopatia coletiva que vitima muitos dos atuais executivos.

Nelson: E o que vocês destacariam como mote desse trecho da história?

Leila: Você já se antecipou, querido. É mesmo a questão da incoerência. Primeiro, essa mania de legislar além da conta; depois, a conhecida incapacidade de cumprir aquilo que é imposto ao coletivo.

Gasalla: Eu fiquei surpreso porque acreditava que o Alfredo iria seguir outra trilha. Depois que ele concedeu o "visto de permanência" ao Chávez funcionário, pensei que estivesse agindo com bom-senso. Mas ele teve uma recaída... E que recaída, hein...

Nelson: Assustadora mesmo... Ouvindo as pessoas na empresa, eu fiquei estarrecido, amigos.

Leila: A palavra-chave aqui é coerência. Trata-se da concordância entre o que a pessoa estipula para as outras pessoas e o que ela mesma faz. Esse é um elemento crítico para a geração de um ambiente de confiança.

Gasalla: Perfeito! Vejo muitos líderes de organizações proferir discursos maravilhosos e altamente motivadores. E, no dia seguinte, tomam atitudes que são o oposto do que disseram.

Nelson: É, ele pisou na bola, mesmo...

Leila: As pessoas são muito mais sensíveis ao bom exemplo, à exibição de uma atitude positiva, do que às belas palavras de um discurso. E, se não houver coerência entre uma proposta e os atos equivalentes, o povo deixa de confiar no líder e abandona seu projeto.

Gasalla: Nesse caso, não se pode nem mesmo falar em belo discurso, porque se tratava de uma tentativa alucinada de regulamentar tudo, de tolher a iniciativa das pessoas, de gerir a organização como se fosse um campo de concentração nazista. Esse é, por vezes, o delírio de alguns líderes. Acham que podem e devem controlar rigidamente suas equipes, determinando padrões para tudo, das idas ao banheiro às ações mais complexas do processo laboral.

Nelson: Creio que Alfredo se consideraria seguro se determinasse o *script* de cada atividade na empresa.

Gasalla: É preciso lembrar que isso nos remete de volta ao taylorismo e à administração científica. Esse modelo se baseava em centralização, divisão de tarefas e estabilidade do sistema. Tudo era cronometrado, medido, aferido, anotado e comparado. Até mesmo as pessoas. Esse rígido controle era exercido por uma categoria antipática de vigilantes, gente que lembrava os capatazes dos engenhos de cana-de-açúcar.

Nelson: Mas isso não funcionou, por exemplo, nas fábricas de automóveis do Ford?

Gasalla: De certa forma, sim, em termos de garantir a produção em larga escala de bens, numa época em que as fábricas ainda não eram robotizadas. Mas a um custo humano muito alto. Tolheram-se a individualidade e a criatividade.

Nelson: Mas não creio que eles quisessem pessoas criativas. Concorda?

Leila: É algo a se pensar. Sem a divinização do taylorismo, talvez tivéssemos chegado a um padrão mais humano e mais criativo de gestão ainda no início do século 20. Mas, como a história não anda para trás, nunca saberemos.

Gasalla: Talvez a sociedade não estivesse preparada para isso. É possível que um modelo mais aberto não tivesse funcionado. Ou não! As comunas anarquistas da época podem nos dar uma pista.

Muitas delas, especialmente na Espanha, prosperaram muito. As pessoas faziam as coisas autonomamente porque acreditavam num conceito, numa doutrina e estavam comprometidas. Desse modo, realizavam suas tarefas mesmo sem o estímulo do chicote.

Nelson: Mas, e agora, qual deve ser o modelo?

Leila: Num dia desses, eu li um livro de Marco Tulio Zanini. Ele oferece uma boa visão do modelo da "Era do Conhecimento". Está sustentado por organizações horizontais e em redes, e também por uma força de trabalho altamente especializada.

Nelson: E como funciona?

Leila: A tendência é que a função tradicional de coordenação, caracterizada por burocracia, controle e monitoramento formal, seja substituída por normas sociais mais informais e consensuais.

Nelson: Bom, com sua cartilhinha, Alfredo estava mesmo trafegando na contramão da história.

Gasalla: Sim, no modelo da "Era do Conhecimento", o colaborador participa dos processos porque quer, porque tem vontade. Ele emprega suas habilidades e conhecimentos nos programas de inovação. Como diz Zanini, se está livre para pensar, o funcionário pode contribuir para o desenvolvimento de produtos e serviços de maior valor agregado.

Nelson: Mas será que o sistema de controle criado por Alfredo não poderia ser implementado por um tempo limitado, até as coisas se acertarem?

Leila: Eu duvido muito. Isso não funciona. Nem Jesus Cristo conseguiu fazer os doze apóstolos seguirem suas determinações à risca. Um o negou três vezes. Outro o traiu. No Monte das Oliveiras, ficou bravo porque alguns dormiram quando deveriam estar rezando. Não é fácil...

Gasalla: Alfredo queria, de fato, pelo que se vê, a segurança de um teatro com falas decoradas. Por impulso, por inexperiência, acreditou que aquilo poderia colocar a empresa nos eixos. De alguma forma, ele me pareceu sincero. Queria mesmo fazer o bem para o grupo de trabalho. O problema é que a organização jamais funcionaria amarrada a um código de conduta tão rígido. Em vez de apostar na confiança, coisa que demora até ser obtida, ele quis pegar um atalho, apostando no controle.

Nelson: Pude apurar que o efeito foi catastrófico...

Leila: Muitas vezes, os códigos de controle fazem com que as pessoas se esquivem de determinadas responsabilidades. Elas dizem: "Isso não está na minha lista de atribuições" ou "Isso aqui eu não posso fazer porque a cartilha não me autoriza". E isso é fatal para empresas. É uma conduta que engessa o grupo e mata a iniciativa. Poderia gerar algum resultado na época retratada em *Tempos modernos*, mas não agora em que se necessita da criatividade e do comprometimento ativo de todos os trabalhadores.

Gasalla: A letra escrita tem muito poder, como disse a Leila. Essas palavras não se dispersam ao vento. Geram impacto poderoso nas pessoas. Nesse caso, o efeito foi de imobilização e, depois, de revolta.

Nelson: E que revolta...

Leila: Nesse caso, eu vejo que os argumentos para impor a tal "cartilhinha" não eram sólidos nem tinham boa fundamentação. Aquilo não era necessário. O tal PRF é incoerente, pois não se baseia na experiência de quem vai segui-lo, mas de um chefe que vê as coisas de longe, que se considera um Deus sabedor de tudo. Na verdade, ele é ignorante sobre os trânsitos particulares do fluxo de trabalho. Não dá para exigir que um gerente verifique os números do mercado no momento "x". Somente o sujeito sabe quando é necessário obter essa informação.

Gasalla: Sim, de modo geral, esse interesse regulamentarista está escorado num capricho infantil. Além disso, em todo o dramático processo, Alfredo teima em não reconhecer seus próprios erros e defeitos.

Nelson: Você falou em "teimar". Quer dizer que todo esse projeto foi resultado de um impulso?

Gasalla: Perfeito, pois aí temos outro conceito a explorar. O mestre Peter Drucker escreveu justamente sobre a "administração por impulso". Segundo ele, a administração adequada exige ênfase equilibrada nos objetivos, especialmente de parte da alta administração.

Nelson: Como assim? Objetivos?

Leila: Sim, a empresa tem de inovar, criar, fabricar, divulgar, vender e não somente controlar movimentos.

Nelson: Entendi, entendi.

Gasalla: Então, veja só. Segundo Drucker, esse tipo de coisa normalmente retorna ao *status quo ante* em algumas semanas, logo depois que se dispersa a energia do impulso. Ele nota que, na vigência da nova regra, as pessoas negligenciam suas tarefas para poder acompanhar a nova ordem ou se organizam em silêncio para sabotar coletivamente o impulso e conseguir executar seus serviços. Drucker ensina ainda que, intimamente, muitas pessoas sabem que tudo vai voltar a ser como antes e esperam que isso realmente aconteça.

Nelson: Mas um pequeno grupo parece sempre se empolgar com essas aventuras, especialmente com as regras malucas que geram proibições e restrições...

Leila: O pior é que há sempre um bando de lunáticos que se empolga com planos de cunho fascista. São pessoas sem autoconfiança, algumas do tipo "estou mal, você está mal", que adoram ver o sofrimento alheio e não poupam esforços para atear fogo no circo. Foi o caso de alguns colaboradores que se ofereceram para atuar como capatazes.

Gasalla: O interessante é que Alfredo conseguiu frustrar até mesmo esses seguidores malucos, o pessoal do chicote. Criou rotinas imbecis que ele mesmo não podia cumprir. Gerou expectativas que foram pulverizadas por sua própria falta de disciplina. Acabou gerando a ideia de que as regras não valiam para ele próprio. Colocou-se acima do bem e do mal. E, nesse caso, os correligionários fanáticos acabaram por fritá-lo silenciosamente.

Nelson: Sim, mas foi bom, pelo menos para que todos soubessem quem eram os amantes do "serviço sujo".

Leila: O que fica claro para mim, é que Alfredo confunde ordem com regra. Ele não acredita numa ordem que surja naturalmente do comprometimento. Pensa que a disciplina depende sempre de uma arma apontada para a cabeça de quem executa a tarefa. E, veja, estamo-nos esquecendo de algo fundamental. Há enorme incoerência quando ele se diz democrático, pois exerce uma governança corporativa que se baseia na intimidação.

Gasalla: Ele confunde uma série de conceitos. Ele acredita que delação, por exemplo, é uma virtude democrática.

Nelson: É bem por aí...

Leila: Ele foi criando grupos de desordeiros dentro do seu plano de ordem. Dividiu as pessoas. Não há exemplo maior de incoerência do que esse.

Gasalla: A voz do bom senso parecia ser a de Júlia. Mas nesses momentos, alguns líderes preferem ficar surdos. Vale também lembrar que qualquer líder deve ser consciente da existência de um movimento entrópico na organização, isto é, de uma natural tendência à desordem. Portanto, o líder deve estar apto a recriar a ordem a partir da desordem.

Nelson: Engraçado ele defender o bom senso e a criatividade quando falava de alpinismo... Toda essa doutrina perdia a validade quando se tratava da gestão da empresa. Muito incoerente...

Leila: Em todo caso, a fraqueza dele teve um aspecto positivo. Desmascarou o tirano de ocasião. Chegava atrasado para as reuniões, faltava aos compromissos, tinha uma mesa desorganizada...

Gasalla: A imagem criada para o grupo foi de que ele fazia o que lhe dava na telha. E isso certamente destruiu as relações de confiança no plano interno.

Nelson: Só no interno?

Gasalla: Não mesmo! Começou dentro de casa, mas logo essa incoerência ficou estampada na imagem pública da empresa. Esse tipo de conduta pode destruir uma organização em pouco tempo. Sua marca passa a ser associada à farsa, à mentira, ao engodo, pois toda empresa é um sistema aberto em contínua inter-relação com seu entorno social.

Leila: Todo o mundo ficou sabendo, bem ou mal, sobre os "lanterninhas" e sobre as comissões de sindicância. Tornaram-se provas inequívocas de uma política de desconfiança, de um modelo de gestão despótico. Dá até medo de negociar com uma empresa que adota esse procedimento em sua governança corporativa.

Nelson: Eu boicotaria os produtos de uma organização assim.

Gasalla: E estaria certo. O *brand* de uma empresa é hoje constituído de várias impressões distintas. Não vale somente a qualidade do produto ou do serviço. Têm importância também a responsabilidade social e ambiental da empresa, sua transparência e a maneira como trata os empregados. Nesse caso, Alfredo deu um tiro no próprio pé.

Nelson: Gente, sei que vocês estão cansados e amanhã têm um dia corrido aí. Obrigado pela ajuda. E mandem minhas lembranças ao sr. Zapatero...

Leila: E não se esquece de alimentar a sua Sayuri, hein... Sei que você vira noites diante do computador e se esquece do mundo... Ela é sua companheira e merece pelo menos um biscoitinho.

Gasalla: Na volta, vamos marcar um jantar. Pode deixar que dessa vez é por minha conta. Saudações.

Nelson: Um abraço!

Leila: Até!

QUADRO 5

PARA TER COERÊNCIA...

- Preste atenção no que diz de **si mesmo** e dos **outros**.
- **Não diga** de si mesmo e dos outros o que não sabe.
- Não deixe que a **conveniência** paute sua opinião de si e dos outros.
- Se quiser pregar um **modelo** de conduta, não deixe de segui-lo.
- Não deixe que seu discurso seja mais maravilhoso que suas **ações**.
- Dê o exemplo de **disposição**.
- Não busque **regalias** em função de seu cargo: não gaste mais do que o estipulado em viagens; não pise na área que está sendo higienizada pelo pessoal da limpeza.
- Não abandone uma **boa ideia** por conta da conveniência ou do medo.
- Perceba que, quanto **mais graduado** o executivo, mais repercutem seus deslizes. Viram exemplos inversos.
- Saiba que para ganhar **confiança** é preciso tê-la nos outros.
- Lembre-se de que "nada muda **se você não mudar**".

CAPÍTULO 6

Escalada e busca da consistência

Iniciava-se o outono. Nos fins de tarde, lufadas de ar mais frio varriam a cidade. Dentro do carro, no estacionamento externo da Órion, Alfredo sentiu a boca caudalosa e a vontade de algo que denominou "não sei o quê". Seria de batatas fritas? De sopa de lentilhas? De agrião com vinagre? Bateu a testa no volante e, assim, identificou o desejo. Queria chocolate quente, bem quente, pelando...

O mundo podia estar um horror, mas ainda havia o gosto fervente do cacau açucarado. Dirigiu para casa sem pensar em nada além de chocolate, chocolate, chocolate bem quente. Na sala de estar, talvez por pirraça, atirou a pasta de couro marrom bem perto de Balão, que se assustou e, num ganido longo, protestou: "Safado, que mania de chegar e assustar o cachorro".

Foi para a cozinha e misturou leite com achocolatado em pó em uma leiteira. Acendeu o fogo e esperou, vidrado na chama azulada que subia para a grelha escura. Logo a bebida láctea fumegante estava pronta. Na ansiedade por beber, queimou os lábios. Acusou a dor e lamentou. Então colocou uísque em um copo com gelo. O conteúdo, consumido de uma vez, anestesiou-lhe a boca.

Sem pensar, desceu para a garagem, ligou o carro e rumou para o Mater Dei. Pouco tempo depois, estava batendo boca com uma enfermeira.

– Ele é meu pai – argumentou. – Tenho direito de vê-lo a qualquer hora.

– Mas agora não será possível. É o horário da higiene pessoal do paciente. Espere uns vinte minutos.

– É algo importante, sabia? Você sabe quão importante é conversar com o meu pai? Não sabe? Então, não se intrometa.

– Não duvido, senhor. Mas ele continua em coma.

– Mas ele pode muito bem ouvir o que tenho a dizer. Em qualquer filme de TV, os doentes em coma ouvem e processam tudo.

– Por favor, seria melhor poupar o paciente desse tipo de sobressalto.

– Na boa, minha cara, não me apoquente. Me dá licença? – disse Alfredo, irritado, já empurrando a porta.

O cenário no quarto o chocou. Seminu, magro e lasso, o pai, de olhos cerrados, lhe pareceu um cadáver. Havia odores desagradáveis no ar. Cheiros de gente e de antissépticos. Sentiu náusea e prendeu a respiração. Esgueirou-se até um canto e, quieto, esperou que as auxiliares de enfermagem concluíssem o serviço.

Depois, como se temesse alguma contaminação, puxou a gola do suéter para cima do nariz e, lentamente, aproximou-se do pai. Sentado na cadeira de acompanhante, agora colada na cama, varreu com olhos arregalados o rosto enfermo. Quem era aquele sujeito de pele tão vincada, afinal? Seria mesmo seu pai?

– Ei, acorda aí! – ordenou, cutucando a bochecha de Genaro. – Acorda, pai!

Como a voz lhe saísse abafada, decidiu livrar-se da gola vertida em máscara nasal.

- Ei, veja o que me aprontou... E agora, hein? Que mancada sair de cena assim... Lamentável.

Bufou, levantou-se, andou pelo quarto, acariciando a barba que começava a apontar no queixo. Voltou à cadeira.

- Se estiver me ouvindo, faça um sinal. Vamos lá: um, dois, três... Agora!

Fixou o olhar no rosto hirto e não notou qualquer movimento.

- Tá bom. Vamos tentar mais uma vez. Um, dois, três...

Em seguida, mirou as mãos arroxeadas do pai, que também não se moveram.

- Caramba, pai. Qualquer idiota em coma é capaz de emitir algum sinal. Para com essa palhaçada.

Descobriu os pés de Genaro e iniciou mais uma contagem:

- Um, dois e três. Pronto!

Novamente, não conseguiu identificar nenhum sinal. Assim, agastou-se tremendamente. Rugiu baixinho, cantarolou e retornou à cadeira do acompanhante.

- Cara, me dá uma luz aí. Aquilo lá tá uma zona desgraçada. Pensei que tivesse acertado, mas não mantive o prato girando sobre o taco de bilhar, entende? Caiu, espatifou-se.

O interlocutor imóvel não lhe respondeu. Pareceu a Alfredo que o pai sonhava com cavalos ou com balões meteorológicos.

- Olha, eu acho que estou captando o seu sonho... Você está sonhando com uma moça que devora um filé gigantesco a bordo de um balão meteorológico?

Nesse momento, alguém passou chorando pelo corredor. Alfredo ouviu a lamúria dolorosa. Arrepiou-se.

– Vamos embora desse lugar, pai. Isso aqui me dá medo. Sabe que eu nunca gostei de médicos, né? Tenho medo de avental branco.

Genaro permaneceu em silêncio, tenso num músculo, suave em outro, numa mistura estranha de fisionomias sobrepostas.

– Já que não quer conversar comigo, vou embora. Tentei dar um jeito naquela empresa, mas não deu certo. Se quiser me dar uma dica, tudo bem... Sim? Não? Então tá, se o capitão não quer dizer nada, vou cair fora. Se vira aí...

Beijou o pai na testa, olhou-o com piedade e saiu para o corredor. Pensou que um pouco mais de chocolate quente lhe faria bem. E, pensando nisso, dirigiu de volta para casa.

Naquela madrugada, Alfredo dormiu mal. Sentiu pontadas nas costas. Às quatro da manhã, acordou. Ligou a TV em um programa com cenas de monges no Tibete. Havia montanhas, gelo e uma conversa sobre autoconhecimento.

Ligou para Johnny Clay.

– Alô – respondeu o amigo, com voz de ogro.

– Já que o capitão caseiro não quer falar, vamos ao capitão de lá.

– Alô, quem fala?

– Sou eu, Johnny. Vamos para o paredão, aquele... – informou Alfredo.

– Alô, quem fala? É quem?

– Johnny, sou eu. Prepara tudo. Vamos viajar depois de amanhã. Combinado? Valeu, parceirão.

– Alô, eu não quero comprar nada. Ligue amanhã, por favor.

Pouco depois de 8 horas da manhã, antes de tomar o desjejum, Alfredo apareceu na Alpine Heroes à procura do amigo.

– Então, tudo resolvido?

– Resolvido o quê? – espantou-se Clay.

– A viagem que combinamos ontem à noite...

– Ah, então era você no telefone durante a madrugada? Xinguei até a sua décima geração. Ficou maluco? – protestou Clay.

– Escuta, o problema é o capitão. Entendeu? Meu pai é o capitão, mas ele não me diz nada. Está quieto, calado, mudo. Cansei. Por isso, vamos subir o El Capitan. E vamos agora...

– Opa! Vão aonde? – interveio Laura, a nadadora com quem Clay se casara três semanas antes.

– Oi, moça. Tudo bem? – sorriu Alfredo, constrangido. – Bom, El Capitan é uma espetacular formação rochosa de 910 metros de altura, localizada no Parque Nacional Yosemite, na Califórnia. O nome foi dado pelos índios locais e, depois, traduzido para o espanhol. Então... Escalar esse monólito não é fácil... É a obsessão de alpinistas de todo o mundo.

– E vão no fim do ano?

– Não... Não... Vamos depois de amanhã – respondeu Alfredo, vendo Clay empalidecer diante da jovem esposa.

No dia seguinte, reuniu os diretores da Órion e comunicou seu desligamento temporário da empresa. Não se demorou em justificativas. Disse apenas que teria de cuidar de assuntos pessoais e não fixou uma data de retorno.

Por decisão do conselho, a empresa passou a ter uma regência dupla, composta por Armando e Mário Machado. Deles, esperavam-se um plano de contingência e um modelo de gestão da crise.

Entre a noite do incômodo na região lombar e a partida para os Estados Unidos, passaram-se nove dias, tempo muito mais dilatado que o previsto. Nesse período, multiplicaram-se os problemas enfrentados pela corporação. Três dias após a tumultuada entrevista coletiva, dois clientes importantes do varejo suspenderam os negócios com a Órion. Outros três importadores seguiram a decisão.

De alguma forma, Alfredo procurou alienar-se da situação. E conseguiu. No aeroporto, antes de embarcar, estava feliz e eufórico como um ginasiano antes do acampamento de férias. Ele e Clay viajaram discutindo amenidades e questões técnicas relativas à escalada. Repassaram uma lista de equipamentos, que incluía cadeirinha, descensor, *camalots* com mosquetões, *stoppers* de cabo de aço, anéis de fita de tamanhos variados, entre outros inúmeros itens.

Na verdade, era proibido pernoitar fora das áreas oficiais de acampamento. De alguma forma, entretanto, Clay obteve permissão para que ocupassem uma área selvagem de Yosemite Valley.

– Cara, conseguiu isso como? – perguntou Alfredo, durante a viagem de carro que teve início em Los Angeles.

– Eu sou norte-americano de nascimento. Esqueceu?

– Mas mesmo assim...

– Quando fui executivo daquela multinacional nos anos 1990, participei de um programa de conservação no parque... Eles me conhecem...

– Boooa, garoto.

A primeira noite no parque tinha um céu negro e estrelado. Por volta da meia-noite, Alfredo percebeu que precisava aliviar-se. Com cuidado, na escuridão, arrastou-se até a saída da tenda. De repente, ouviu o uivo lastimoso de um lobo. Sentiu o coração disparar.

Preocupou-se. Não sabia se receava o animal ou sua cantoria, que lhe pareceu de mau agouro. Teria acontecido algo a Genaro?

Ao sair para a pequena clareira, ouviu a admoestação de Clay.

– Tá maluco? Vai aonde, agora?

– É a necessidade. Vou procurar uma moita e já volto.

– Então, leva a lanterna. Não vai assim no escuro.

– Não tem erro. Tenho olhos de gato – resistiu Alfredo.

– Mas como você é teimoso, hein? Confia no que eu estou te dizendo. É melhor levar a lanterna para...

Nesse momento, Alfredo já desaparecera no breu noturno, palmilhando o terreno como um cego. Clay saiu e foi aquecer a palma das mãos nas últimas brasas da fogueira que haviam feito num balde metálico. Depois de alguns minutos, quando já cogitava retornar para o saco de dormir, ouviu um grito humano e um estrondo na mata. Alguns segundos depois, foi abalroado.

Ainda grogue com a pancada na cabeça, notou que fora atropelado pelo próprio Alfredo. Ao acender a lanterna, viu-o caído, gemendo de dor, com as calças pela canela. Além de sujo, tinha um ferimento no glúteo esquerdo, resultado da mordida de um guaxinim.

– Eu falei para levar a lanterna, mas você não me deu ouvidos. Agora, aguente. Quando é que vai aprender a confiar nas pessoas? – repreendeu-o Clay, segurando o riso.

– Poxa vida... Além da mordida, ainda tenho de ouvir sermão? – reclamou Alfredo.

Clay pegou a caixa de primeiros socorros e começou a fazer um curativo no amigo. Antes que terminasse o serviço, o acampamento foi visitado por uma dupla de guardas-florestais.

– *What are you doing?* – perguntou um deles, pasmo.

– Não é nada do que vocês estão pensando. Nada mesmo. Sai pra lá, Clay. Sai pra lá – desesperou-se Alfredo, correndo novamente para o mato.

NO DIA SEGUINTE não houve escalada. Perambularam pelo parque. Paravam aqui e ali para fotografar El Capitán.

– É grande, pesado, consistente – descrevia Alfredo, enquanto focava o topo em sua câmera.

– Pois é... De repente, é um bom exemplo pra você – respondeu Clay, que corria atrás de um esquilo.

– Como assim? Vai me criticar de novo? Já não bastam o meu traseiro dolorido e o vexame de ontem?

– Estou falando da Órion, meu caro. No seu caso, faltou consistência – explicou o alpinista.

– O que tem a ver uma coisa com outra?

– Para ficar do jeito que está, El Capitán levou cem milhões de anos. A gente nem consegue imaginar esse período de tempo.

– Hummm...

– Percebe o trabalho da natureza?

– Percebo – disse Alfredo, enxugando uma gota de suor da testa.

– Um tempo enorme – disse Clay, erguendo a mão para o monumento de granito. – Sabe como foi esculpido?

– Pelos índios? – respondeu Alfredo, como galhofa.

– Foi esculpido pelo gelo que ocupou Sierra Nevada, por várias glaciações. A principal delas, a Sherwin, levou mais de um milhão de anos. Consegue imaginar isso? A natureza decidiu o que deveria ser feito e, depois, não se preocupou com o tempo. Seguiu o projeto.

– Caramba, um preservacionista filósofo... – disse Alfredo, procurando pulverizar a seriedade do discurso.

– As primeiras pessoas a escalá-lo também precisaram de planejamento. Depois, precisaram perseverar no projeto. Sem consistência, sem respeitar procedimentos, não teriam atingido o topo. Entende?

Naquele momento, Alfredo desapareceu num bosque. Só reapareceu no acampamento ao anoitecer. Abriu uma lata de Coca-Cola e buscou identificar no céu anilado límpido as constelações do hemisfério norte.

Mais tarde, depois do jantar, Clay resolveu provocar o amigo.

– Você não veio aqui para escalar o "capitão", veio?

– Era minha obsessão. Não lembra?

– E a empresa? Deixou como? Tudo em ordem agora?

– Tá, tá tudo em ordem – mentiu Alfredo, desviando o olhar.

– Então, resolveu o problema da tal coletiva de imprensa? Não teve repercussão negativa?

– Pô, Clay... Você sabe que teve. Ferrei com tudo, tudo, tudo... – exaltou-se Alfredo.

– Epaaa... Calma aí, cara...

– Eu preciso de um modelo, de uma regra, de uma fórmula. Entendeu?

– Não sei se é bem por aí – ponderou Clay. – Tudo o que era sólido se desmanchou no ar. O mundo globalizado e virtual iniciou um processo de mudança permanente desde a virada do milênio. As coisas se alteram todos os dias, e o gestor precisa aprender a lidar com o efêmero.

– Mas tem de existir uma regra, uma escora... Quando você escala, enfia um pino na rocha... Ele te segura...

– Ok, mas daí você passa para outro pino. Tem de entender os ângulos da parede rochosa. Cada fase da ascensão é diferente da anterior. Acho fascinante. Gerir e escalar são atividades muito afins – disse Clay, enquanto rodava o abridor numa lata de sopa de feijão.

– Na universidade, eu aprendi sobre marxismo, liberalismo... Estava tudo ali. Era muito mais fácil. Então as teorias deixaram de funcionar? – indagou Alfredo, sem esperar resposta.

– As teorias têm prazo de validade, meu irmão – brincou Clay –, como esta sopa de feijão, que certamente está estragada... novembro de 2008.

– Era mais fácil na época do meu avô – considerou Alfredo.

– Pois é, mas ele não tinha uma cartilha de regras... Tinha?

– Antes, o mundo era mais descomplicado.

– Olha só, vamos voltar no tempo – propôs Clay. – Adam Smith dizia que a riqueza resultava da ação das pessoas em interesse próprio.

– Eu sei...

– Segundo ele, o comerciante ou mercador era movido pelo seu próprio interesse egoísta e, assim, sem querer, promovia o bem-estar da sociedade. Smith afirmava que esse agente do mundo econômico deseja o bem-estar pessoal e não o da coletividade.

– Mas isso é meio estranho hoje em dia... Vale lá para aquela época...

– Pois é isso que estou te dizendo – explicou Clay. – Hoje, as pessoas são mais bem informadas, têm senso de cidadania, de responsabilidade. Não dá mais para esperar que o puro egoísmo salve o mundo...

– Você tem razão... Você tem razão... – assentiu Alfredo, levantando o zíper do colete, lentamente.

– Mas o outro lado também não apresentou uma solução. Os modelos de governo que se baseavam no marxismo criaram controles demasiados, engessamentos. E muitas vezes geraram governos tirânicos. Foi o caso do stalinismo e de tudo o que se passou no Leste Europeu comunista. Ficaram obsoletos. As pessoas não foram respeitadas em suas singularidades...

– Então, não tem jeito... Melhor entregar a Deus...

– Eu resolvi deixar a administração por outros motivos... Por não aguentar as pressões por resultados, a impaciência de acionistas, as jornadas de trabalho de dezesseis horas... Não me adaptei ao estilo de vida. Eu não consegui mudar as empresas onde trabalhava.

– Então, eu tenho razão de largar tudo... – pontificou Alfredo, cutucando o nariz como uma criança.

– Para de limpar o salão, seu porco! – advertiu-o Clay.

– Ah, você faz coisa bem pior... – retrucou o amigo.

– Olha, eu creio que há muito o que aprender com o passado. A livre iniciativa é algo que faz o homem sentir-se útil, vivo... Ela sustenta a ideia do sonho. Ao mesmo tempo, a outra turma nos dá um limite para a acumulação da riqueza. Eles trabalham a ideia da partilha, do olhar para quem está mais atrás na estrada.

– Estão todos certos, então?

– Não sei. Não sei mesmo. Mas a gente precisa aprender com os erros e acertos do passado. E inovar, criar, reciclar, conforme as exigências do presente. Poxa, cara, imagina se essa natureza toda aqui acabar...

– O que isso tem a ver?

– Pela primeira vez na história, a gente pode destruir o planeta, detonar esse cenário todo. Se as empresas não tiverem um projeto de responsabilidade e sustentabilidade, isso aqui pode virar um deserto em trinta anos.

– Ecochato, você?

– Alfredo, isso é sério. Tem rio secando onde a água era farta. Começa a ter furacão em lugares em que isso nunca tinha ocorrido. Tem ilha desaparecendo, geleiras derretendo. E tudo muito rapidamente.

– Eu sei... Mas não vamos exagerar, né...

– Pense na idade da Terra. Essas mudanças estão sendo bruscas. Muita gente vai ficar sem água, vai passar fome, não vai ter onde morar. Se isso acontecer, a degradação vai se refletir nos mercados consumidores. A gente vai ter um planeta doente e uma sociedade também doente, em declínio.

– Meu Deus... Você decorou a palestra do Al Gore – criticou Alfredo, meneando a cabeça.

– Se é isso que você acha, eu vou é ficar quieto – respondeu Clay, sentindo-se ofendido.

– Eeeei... Pare com a frescura, vai. Termina o seu raciocínio – disse Alfredo, desculpando-se menos pelas palavras e mais pelo tom.

– Eu acredito, Alfredo, que a empresa de hoje e a do futuro precisarão compreender o passado e perceber as necessidades da natureza e das pessoas... E para crescer terão de efetuar ajustes constantes, todos os dias.

– Todos os dias? – sobressaltou-se Alfredo, como se tivesse tomado um tapa.

– Sim, sim... Precisarão continuar a gerar resultados, mas de maneira sustentável... Não podem esgotar os recursos naturais, não podem poluir a água e o ar das populações consumidoras, não podem acumular riqueza sem distribuí-la entre os diferentes personagens do teatro econômico.

– Não sei se é possível, viu... Duvido. Está mais para uma utopia.

– Mas, se não houver essa mudança, vamos todos para o buraco – insistiu Clay. – Muitas empresas até iniciam programas de sustentabilidade, mas não os mantêm. Agem de acordo com a conveniência, traindo princípios.

– Você acha que é o caso da Órion? Fale com franqueza... – indagou Alfredo, juntando as sobrancelhas numa fisionomia preocupada.

– Quer saber? Eu acho que sim. Alguns projetos até são interessantes no campo da responsabilidade socioambiental, mas não avançam...

– Não temos recursos sobrando...

– Pois é, mas é uma atitude que conta para o seu *brand*. De alguma forma, a ausência de uma política consistente nessa área afeta a imagem da empresa e afasta clientes potenciais.

– O Mário Machado quer que eu corte tudo isso. Segundo ele, só dá despesas...

– Com todo o respeito, aquele Mário é um belo dum...

– Alto lá! – interrompeu Alfredo, elevando a voz. – É o cara que está tocando a empresa agora. Devo muito a ele. Se eu deixasse aquilo nas mãos do Armando, iria encontrar terra arrasada quando retornasse.

– Ele é pragmático, resolvedor... – admitiu Clay, num tom conciliatório. – Mas eu acho que ele tem uma visão ultrapassada da gestão. Ele é mais um jogador. Faz seus lances...

– E acerta muitas vezes...

– Sim, mas erra também... É um agente de descontinuidade. Essa obsessão por acabar com os projetos ambientais é suicida. Vai afetar tremendamente a reputação da empresa.

– A nossa reputação já está no fundo do poço, meu amigo... – observou Alfredo, desalentado.

– Não é bem assim. São problemas pontuais, que podem ser solucionados. Agora, o prejuízo maior, a médio e longo prazo, seria a desativação dos programas ambientais e sociais. É preciso manter valores, agir com integridade... Uma empresa não pode se deixar levar por modismos ou por interesses imediatistas. Precisa transmitir uma ideia de incolumidade, de segurança, de exemplo permanente...

– Hummm... Reduzir gastos nessas áreas talvez seja uma necessidade... Tem gente estudando isso...

– Olha para El Capitán, Alfredo! – ordenou Clay, apontando para o gigante de pedra. – Você acha que ele vai desmoronar até amanhã?

– Lógico que não – respondeu Alfredo, desinflando os pulmões numa risada seca.

– Pode desmoronar, ruir, até o ano que vem?

– Não! Nem em mil anos. Nem em dez mil anos. Eu sei aonde você quer chegar. Ele é o "capitão" porque é grande, forte e consistente. É o verdadeiro líder. Aprendi a lição. Me dá meu 10 no boletim, professor – destemperou-se Alfredo, levantando-se para descansar o traseiro. – Maldito guaxinim... Como dói esse troço.

No dia seguinte, Alfredo e Clay aproximaram-se a pé de El Capitán. Alfredo o acariciou como se fosse um ente querido. E disse-lhe palavras ao ouvido milenar.

– Meu amigo, muito obrigado. Eu gostaria muito de escalá-lo, de ver o mundo do alto de sua cabeça. Mas agora eu não posso. Tenho um assunto a resolver, muito sério, muito importante. Espero que compreenda. Em todo caso, sei que você estará aí amanhã e também no dia seguinte... Sei que não se moverá, que me aguardará o tempo que for necessário... Até breve...

Clay se emocionou com aquelas palavras. Ligou para a esposa e deu-lhe a boa-nova:

– Estamos voltando. Sabe, estou com saudade de você e da sopa de feijão com macarrãozinho que você faz... – disse, sedutor.

No avião, Alfredo tentou convencer Clay a assumir um lugar no Management Team da empresa. A recusa foi imediata e veemente.

– Nem pensar. Estou muito bem aqui no meu cantinho.

– Eu te pago um ótimo salário. Diga quanto...

– Não quero seu dinheiro, Alfredo – disse Clay, convicto. – Não quero riqueza. Quero tranquilidade. Quero curtir a minha mulher. Quero ver a natureza numa segunda-feira às duas da tarde. Eu só vou viver uma vez. Quero aproveitar direitinho.

– Mas eu te dou férias... Depois de um ano, você descansa dois meses...

Incomodado, Clay negociou com a aeromoça uma troca de lugar. Foi para o último assento da classe executiva. Arrumou o travesseirinho, cobriu-se e dormiu como criança o restante da viagem.

Alfredo retornou à empresa sem avisar, para surpresa dos diretores e da família. Mário Machado, em particular, não escondeu sua enorme irritação. Considerou que seu "governo" na Órion fora abreviado de forma injusta. Segundo seu juízo, fazia excelente gestão da empresa e, se assim continuasse, a tiraria da crise.

Na empresa, considerava-se que Machado havia "engolido" Armando, incapaz de gerenciar processos, desenvolver negociações e tomar decisões nas áreas industriais.

Na primeira reunião da diretoria, Alfredo agradeceu os dois substitutos e anunciou a dissolução das comissões sindicantes. Nunca mais teriam "lanterninhas". Depois, em tom solene, decretou:

– A partir de agora, a cartilhinh... A partir de agora, o PRF deve ser desconsiderado. O programa está extinto. Comuniquem a decisão a suas áreas.

– Assim, sem mais nem menos? – objetou Francis.

– Sim, não faz parte da cultura da empresa. A realidade nos mostrou isso claramente. Nossas principais condutas estão calcadas num hábito, numa ideia...

Assim que os executivos foram dispensados, Alfredo chamou Júlia. Queria examinar relatórios, ver atas de reunião, saber exatamente o que os CEOs substitutos haviam feito.

Logo, a secretária lhe mostrou o plano de redução de custos preparado por Machado. Estabelecia o fechamento do clube dos funcionários, a troca do convênio médico Prime por um mais barato, a suspensão de todos os investimentos na floresta-modelo e o fim do projeto Lago Limpo.

– Júlia, isso é sério? Tudo de uma vez?

– Sim, tudo isso entra em vigor amanhã.

– Mas como ele conseguiu isso? O Armando não disse nada?

– O senhor sabe que o Machado tem o dom da oratória. Nas reuniões, as pessoas têm medo de contrariá-lo.

– Mas eu não dei permissão...

– Me desculpe, mas eu acho que deu, sim – discordou Júlia. – Quando saiu daquela forma, entregou tudo nas mãos deles.

Alfredo agradeceu Júlia e pediu-lhe que segurasse todos os telefonemas. Não queria ser incomodado até ler e compreender os relatórios, analisar as planilhas de custos e avaliar os dados compilados pela equipe de finanças.

Depois de duas horas de estudo, compreendeu que o trimestre terminaria com um rombo monumental nas contas da empresa. Os cortes definidos certamente amenizariam sobremaneira os problemas. Pensou, pensou e não chegou a uma conclusão. Projetou na tela mental o avô e o pai e tentou imaginar que decisão tomariam naquele momento.

Observando sobre a prateleira uma foto de Manolo com um cavalinho de madeira, permitiu que o coração lhe falasse mais alto. Convocou Júlia e pediu-lhe que anotasse um comunicado da presidência aos diretores e membros do conselho. E assim definiu:

Sei que a empresa passa por problemas graves, muitos deles criados por minha conduta imprópria e inexperiência. Peço-lhes desculpas, do fundo do coração.

No entanto, creio conhecer um pouco da alma desta empresa, fundada por meu avô e fortalecida por meu pai. Também julgo compreender a responsabilidade de uma corporação como esta no mundo moderno, conturbado e em constante transformação.

Por isso, determino a manutenção do clube dos funcionários e suspendo o processo de substituição do convênio médico. Manteremos o plano de investimentos na floresta-modelo e também no projeto Lago Limpo.

Para tanto, tentaremos estabelecer uma linha de crédito com os bancos parceiros. Afinal, temos um bom nome na praça. Somos um cliente confiável há 79 anos. Procuraremos, simultaneamente, reduzir custos, mas por meio de programas de reaproveitamento de matéria-prima, minimização de desperdício e otimização das linhas de produção.

Uma empresa consistente, de prestígio, deve manter seus valores, o respeito por seus colaboradores e o compromisso com a sociedade. Vamos apertar o cinto, inventar soluções, mas não vamos nos desviar do bom caminho.

Alfredo Martín Vásquez,
Diretor-Presidente

O término desse capítulo coincidiu com o breve período de férias de Leila e Gasalla. Ela resolveu gozá-lo na Riviera Francesa; ele, no México, onde foi visitar a filha. O texto os alcançou em Saint-Tropez e em Los Cabos. O contato com Nelson foi realizado por meio de um *video-chat*.

Nelson: Caramba, agora estou com inveja. Faz dez anos que não piso na França e nunca fui à Baja Califórnia.

Gasalla: Mas a gente merecia, depois de tanto trabalho, de tanta pergunta de executivo...

Leila: Olha, vou virar a câmera para o lado do mar. Está vendo?

Nelson: Que sacanagem... E eu aqui, enclausurado neste escritório. Bom, espero que se divirtam nesses lugares maravilhosos e recarreguem as baterias. Leram o texto?

Leila: Li, adorei saber que a natureza deu uma chamada no Alfredo. Essa cena do guaxinim deve ter sido impagável.

Gasalla: O capítulo tem muitas simbologias interessantes e precisas. O El Capitán que, aliás, não está tão longe daqui, é uma grande metáfora da consistência que Alfredo procura. Ele colecionou alguns acertos, mas enveredou por um caminho equivocado. Ou seja, não soube criar um padrão de atitudes. Perdeu-se no meio do caminho. Essa é a hora certa para ele refletir sobre seu papel na empresa e também no mundo.

Leila: E esse Clay é um bom *coach*. Vou convidá-lo para dar uma palestra comigo, falando sobre as lições do montanhismo aplicadas à gestão. Podemos fazer uma parede de alpinismo *indoor* num *workshop* sobre confiança.

Nelson: Maravilha. Pode contar comigo que vou lá subir pelas paredes... He, he, he... É, mas vocês puderam ver que, nessa fase, Alfredo tinha um problema sério de autoconfiança. E tinha dificuldade de se fiar até mesmo no grande amigo de escaladas. Ele não o ouvia, conforme apurei por meio das entrevistas.

Gasalla: Clay é claro ao apontar a falta de consistência no trabalho de Alfredo na Órion. E repito que esse sujeito foi muito feliz ao tomar o El Capitán como referência para falar de tempo e consistência. O caráter de uma pessoa vai sendo constituído no decorrer do tempo, quando demonstra que mantém seus valores apesar dos pesares. Sêneca já ensinava: "Dizer o que sentimos, sentir o que dizemos, concordar a palavra com a vida".

Leila: O monolito serve como uma perfeita metáfora para tudo isso. Chegar ao topo foi uma dura prova para os primeiros exploradores. Precisaram de paciência e de uma ação consistente para chegar ao topo.

Nelson: Sim, o alpinismo dá ótimos exemplos nesse caso. Atingir o objetivo nem sempre depende somente da vontade ou dos recursos disponíveis. O triunfo está ligado a um arranjo particular, meticuloso, e a um projeto consistente de superação dos obstáculos.

Gasalla: E assim devem ser as empresas, caro Nelson. A consistência é a manutenção de uma opinião ou comportamento ao longo do tempo. As atitudes do líder estão alinhadas com seu histórico de condutas.

Leila: A consistência opõe-se à imprevisibilidade, que pode gerar insegurança e desconfiança. Na Órion, as pessoas ficaram atônitas com a tal cartilhinha. Ela mudou a filosofia de gestão da companhia de maneira muito radical, abruptamente.

Nelson: Sim, as pessoas não assimilaram o modelo regulatório.

Gasalla: Então, mas vale dizer que consistência não tem nada a ver com engessamento. Ao longo do tempo, as coisas mudam e precisam mudar, sobretudo nos tempos atuais. As máquinas e os processos podem se alterar, mas devem ser mantidos os valores que constroem a nossa identidade.

Leila: Sim, é preciso frisar bem isso. Nesse mundo globalizado, virtual, rápido e veloz, a gestão da mudança é fundamental para o sucesso de uma empresa. O que deve se manter é a base de princípios. Por exemplo, não importa se a Órion faz brinquedos na máquina X ou Y, se usa plástico ou papelão, se transporta esses produtos em caminhões ou trens. O que vale mesmo é a doutrina que rege essa atividade. Eles querem educar e fazer pessoas felizes. É isso que os consumidores esperam ao comprar um jogo com o logo da Oficina da Alegria.

Nelson: Eu sei, pois eu mesmo passei a infância me divertindo com esses jogos.

Gasalla: Então, não dá para a empresa se desfazer desse patrimônio. Seria estranho ver esse logo em brinquedos pornoeróticos.

Leila: Há, há, há... A Órion teve uma história interessante, iniciada pelo seu Manolo, em que as coisas eram colocadas com clareza, havia cumprimento e consistência, tanto interna quanto externamente. As pessoas que iam trabalhar lá já tinham uma noção do que iam encontrar. Os consumidores também tinham claro que os produtos eram de boa qualidade, feitos com carinho e responsabilidade. Ou seja, prosperou porque era uma empresa que não mentia, que era íntegra e assim permaneceu durante décadas.

Nelson: Na verdade, as pessoas não se deixam levar tão facilmente por modismos ou conveniências temporais e separam o que é importante daquilo que é supérfluo. Muitas pessoas com as quais eu conversei no grupo da Órion, algumas hoje aposentadas, rejeitaram propostas tentadoras para se bandear para a concorrência. E por quê? Porque se identificavam com alguns valores que se mantinham na empresa. Podia, por exemplo, chegar uma máquina nova, mas o ambiente de trabalho continuaria o mesmo.

Gasalla: Interna e externamente, a empresa saudável precisa manter uma ideia de equilíbrio entre mudança e manutenção de valores. Modifica-se tudo, menos o espírito da empresa. E as pessoas percebem logo quando algo de errado ocorre nesse campo. Seria como se cortassem um pedaço do El Capitán ou o pintassem de cor-de-rosa. Até o guaxinim amigo do Alfredo perceberia a alteração.

Nelson: Sim, há um momento em que o Alfredo percebe claramente o ensinamento de Clay. Ele diz lá: "Ele é o capitão porque é grande, forte e consistente".

Leila: Essa sessão educativa na floresta foi formidável. Acho que vou fazer algumas das minhas palestras ao ar livre. Talvez nas cataratas do Iguaçu ou diante das pirâmides do Egito. Isso realmente funciona. Tem um poder simbólico enorme. Tanto é que, depois das "aulas" do Clay, nosso Alfredo volta determinado a modificar suas atitudes e comportamentos.

Gasalla: É uma mudança sem ser, paradoxalmente. É uma espécie de retorno ao padrão de integridade que já existia na empresa, desde a época do avô.

Leila: Quem lê o texto fica extremamente feliz ao saber como foi que Alfredo revogou as medidas do Mário Machado. Ali, ele retoma um modelo de atitude alinhado com os valores da família.

Nelson: Sim, acredito que isso foi fundamental nesse processo de conversão do Alfredo.

Gasalla: Foi o "agora" de Alfredo. Pouca gente se liga na importância do agora, que é o tempo no qual podemos fazer alguma coisa. Mexer no agora é trabalhar para que no futuro tenhamos a boa base de sustentação do tempo passado. Philips Brooks dizia que, em algum momento do futuro, todos lutarão contra uma grande tentação ou tombarão sob o peso de uma grande tristeza. Porém, segundo ele, a luta se trava aqui e agora. É no momento presente que se decide se fracassaremos ou se venceremos com glória nesse dia. Isso quer dizer que só é possível formar o caráter por meio de um processo de aprimoramento permanente.

Nelson: Mas o Alfredo comprou naquele "agora" um tremendo de um encargo futuro.

Gasalla: Ele sabia das dificuldades que enfrentaria e reconhecia que, do ponto de vista técnico, o Mário podia ter razão. Por isso, ele precisou ser ousado para tomar essas decisões. Nesse caso, ele prezou mais a integridade e soube separar o que era importante daquilo que era supérfluo.

Leila: É interessante ver que ele impõe uma autodisciplina ao falar de apertar o cinto. E também é enfático ao manter a missão da empresa e seu papel na sociedade. Nessa carta, ele manifesta a intenção clara de respeitar princípios.

Gasalla: Ele também dá ênfase especial às ações em curso, como os projetos ambientais. Mostra que não são um modismo, mas o resultado de um interesse genuíno da empresa em participar dos esforços da sociedade na preservação da natureza. Em realidades mutantes, os valores são sempre um guia. Vale lembrar aqui a lição de Tom Peters: "Clarificar o sistema de valores e dar-lhe alento de vida são as grandes contribuições que um líder pode oferecer".

Nelson: Sim, e ele deixa claro que o clube e o convênio serão mantidos. De certa forma, ele começa a restituir a confiança dos colaboradores.

Leila: Meu amigo, agora vou comer... Um *coq au vin* básico, num bistrô aqui ao lado do hotel. Está servido?

Gasalla: Bom, eu vou tomar um banho e depois descansar. Amanhã, eu e minha filha, Lua, vamos mergulhar nas imediações de uma pequena ilha. Depois, vamos experimentar os pratos do delicioso restaurante que tem ali.

Nelson: Bom... Vou pedir um venenoso *fast-food* mesmo. Tem muito trabalho ainda na fila. Voltem logo! Saudades.

Leila: Beijo pra você, Nelson!

Gasalla: Um grande abraço e também para a Sayuri!

QUADRO 6

PARA TER CONSISTÊNCIA...

- Atue com **integridade**.
- Mantenha comportamentos alinhados com seus **próprios valores**.
- Não seja conservador, mas **não se deixe levar** por modismos.
- Tenha discernimento. **Determine** o que é importante e o que é supérfluo.
- Se for chefe, lidere com base em **valores** e **princípios**.
- Tenha **autodisciplina**.
- **Seja coerente** no decorrer do tempo. A coerência não pode ser episódica.
- Tenha clara sua **missão** de vida.
- **Siga a missão** da empresa. Caso não concorde com ela, mude de empresa. Já.
- Deixe claro que os **princípios-guia** de suas ações são os mesmos ao longo do tempo.
- **Valorize** quem merece, sempre. Dê exemplos de conduta, sempre.
- Procure **transmitir segurança** ao longo do tempo.
- Trabalhe para que a **imagem** da empresa seja a mesma para os clientes internos e para os clientes externos.

CAPÍTULO 7

Qual é a cor da coragem?

CERCA DE SEIS MESES APÓS O NASCIMENTO DE GENARO, MANOLO SURPREENDEU-SE COM UM ANÚNCIO DA ESPOSA:

– Vem mais um bebê por aí...

Considerados os problemas do último parto e a idade avançada de Tereza, o empresário mergulhou na preocupação. Cogitou da interrupção da gravidez, mas chegou à conclusão de que faria triste papel aos olhos do Senhor.

Assim, deliberou assistir a mais missas e valorizar, no cotidiano, os preceitos cristãos.

Em março de 1951, com quase quatro quilos, veio ao mundo Natália, a "raspa do tacho". Nascera também de cesariana, mas sem problemas. Tereza praticamente não acusou dores e não se abateu com a temida anestesia raque, recebida na base da coluna.

Desde a tenra idade, Natália exibia muitos dons. Sabia cantar, era boa com números e adorava fingir-se de empresária. Obtinha sucesso ao montar banquinhas para vender limonada e bolinhos nas festas da família e da escola.

Em suas visitas à Oficina da Alegria, costuma apresentar sugestões ao pai, palpitando até sobre as configurações técnicas dos brinquedos.

– Pai, esse guidão não vira o suficiente. Não compraria este triciclo – criticava.

Outras vezes, irritava-se com as cores dos produtos:

– O senhor acha que alguma menina vai querer esta boneca? Olha o vestido... Laranja, quase marrom, com bolinhas azuis. Que feio...

Essas manifestações enchiam Manolo de um misto de orgulho e preocupação. Em sua visão, a menina tinha, sim, uma inteligência diferenciada. Era mesmo espertíssima e comunicativa. Porém, considerava aqueles dons pouco úteis a uma mulher.

Na verdade, gostaria de ver aqueles saberes e interesses no filho Genaro, rapazinho calado, amante de filmes de ação e futebol. Em seu quarto as paredes estavam cobertas por fotos de craques da bola e estrelas do faroeste, como John Wayne. Seu objetivo na vida: se tornar o centroavante do time mais popular da cidade. Depois, ganhar um lugar na poderosa seleção nacional.

Nas disputas escolares, Genaro saía-se bem. Não era nenhum Pelé, mas tinha alguma técnica, conhecia os atalhos do campo e era um "brigador", isto é, jamais fugia de uma dividida. Em seu raciocínio simples, o bom jogador era, sobretudo, um sujeito de coragem.

No fundo do coração, Manolo considerava perdidos os filhos mais velhos. Apostava naqueles dois últimos. Em Genaro, para conduzir os negócios; em Natália, para converter-se na escora firme da família, na inabalável guardiã das tradições.

Nos efervescentes anos 1960, porém, a rebeldia tornou-se a regra para boa parte da juventude. Genaro rejeitava o projeto do pai e frequentemente reclamava com Tereza.

– Meu time não ganha um título faz tempo. Falta alguém como eu ali para fazer a diferença. Não quero saber de fábrica...

Aos 15 anos, passou no exame seletivo de novatos do clube do coração e ingressou numa das categorias de base. Participou de dois treinos e foi elogiado pelo técnico. Na terceira sessão, entretanto, não apareceu. Fora proibido por Manolo.

– Isso não é coisa para moço decente, trabalhador. Lá, eles bebem, saem com mulheres. Seu futuro, rapaz, é na empresa.

Genaro chorou dois dias e três noites, escondido, pois não era de sua índole exibir publicamente os sentimentos. Engoliu secamente a ordem do homem que passou a ver mais como patrão do que como pai.

Como Natália insistisse em estudar, Manolo a matriculou em um colégio de freiras. Poderia seguir o magistério e sossegar. Lidaria com crianças, depois se casaria e, por fim, cuidaria de manter a família unida em torno dos valores católicos.

Porém, na escola das irmãs do Sagrado Coração de Jesus, Natália sentiu-se um peixe fora d'água, até que ali chegou uma menina baixinha, de franjas negras e olhos luminosos. Seu nome era Júlia. Filha de operários, estudaria com uma bolsa concedida pela paróquia local.

Foi a parceria perfeita. Natália era inovadora; Júlia era organizadora. Natália era criativa; Júlia era mobilizadora. Natália agitava com suas ideias; Júlia patrocinava o entendimento. As peças teatrais sulfúricas de Natália eram editadas por Júlia, mestre em encontrar metáforas para burlar a rígida censura das freiras. Se havia um revolucionário na história, ela tratava de identificá-lo com São Francisco de Assis. Se havia uma mulher desafiadora, lá ia Júlia misturá-la com a figura de Joana D'Arc.

Numa dessas apresentações dramáticas, ao perambular pelos bastidores, Genaro conheceu a amiga da irmã.

– Ei, mas você está usando a camisa do meu time? – festejou Genaro, pouco acostumado a ver aquela demonstração de fidelidade.

– Ah, mas é porque eu sou devota de São Jorge – respondeu Júlia, que aprendera a acompanhar o futebol com o pai, pelo radinho de pilha.

– Mas gosta de futebol?

– É um trabalho de equipe. E tem muita emoção. Meu sonho é ir ao estádio, ver ao vivo.

Os olhos de Genaro se arregalaram naquele momento.

– Ué, mas então está convidada. Vamos lá. Eu te acompanho.

– Mas mulher no estádio?

– Bota uma calça comprida, um casaquinho, e vamos no setor das cadeiras numeradas. Não vai ter problema.

– Ok, combinado. Essa coragem não me falta – respondeu, erguendo o punho fechado, enquanto exibia os dentinhos alvos num sorriso ingênuo.

A partida ocorreu no fim de semana seguinte. Mesmo apoiado pela massa, o time sofreu um gol no último minuto e perdeu. No desejo, na tensão e na dor, forjou-se imediatamente uma afinidade. Apagavam-se os refletores do estádio quando Júlia abraçou ternamente o amigo recente e, sobre seu ombro, deixou precipitar-se uma lágrima.

Nessa época, Manolo era mais um empreendedor de sua própria herança. Pavimentava um futuro que não veria desta terra. Procurava, assim, diversificar e fortalecer seus negócios, formar um sucessor, estabelecer bons contatos políticos e garantir a estabilidade da família. Com o tempo, tornara-se mais desconfiado, mais prudente e mais conservador. Temia perder o que conseguira com tanto esforço.

Certo sábado quente, no fim dos anos 1960, recebeu para jantar um deputado do partido do governo, candidato a um ministério. A toalha engomada de renda branca, os copos de cristal e a prataria fina denunciavam a pompa da ocasião. Manolo usava um terno antigo, mas bem conservado, gravata borboleta. O congressista Hernán Fuentes chegou num Jaguar dourado, acompanhado da mulher e da filha mais velha, a esbelta e loura Eugênia.

Por dias e dias, assistido por uma professora de etiqueta normanda, Manolo treinara o uso dos talheres. Exigiu que os familiares também frequentassem a aula. Afinal, não admitiria gafes à mesa. A intervenção de Fuentes seria fundamental para que os negócios se estendessem à área de fertilizantes. Sem aquela mãozinha oficial, não seria possível esperar uma rápida expansão na empresa.

A ceia dos acordos se deu de forma tranquila, com muita gente calada e um anfitrião cuja cortesia beirava a bajulação. Fuentes discursava com desembaraço, afirmando ser aquela uma "era de oportunidades" para os espertos e bem relacionados.

– Eu ganho, você ganha, todo mundo ganha – celebrava, com um sorriso de piano cujo brilho só competia com o de sua cabeleira brilhantinada.

À hora da sobremesa, entretanto, Natália resolveu apimentar a conversa:

– Desculpe, mas o senhor acha certo isso? Política de indicações? Não seria mais apropriado um critério técnico?

– Há, há, há... – riu simpaticamente Fuentes, ocultando o constrangimento. – Ouvi dizer que você vai educar as nossas crianças. Conte-nos um pouco sobre essa aventura de lidar com os petizes.

– Eu creio que isso é irrelevante para o tema em debate. Será que o senhor pode responder à minha pergunta? – disse, lambuzando os lábios de sorvete de morango.

– Natália, por favor, agora não é hora – exasperou-se Manolo, com o rosto rubro da hipertensão.

– Não tem problema. Adoro conhecer a opinião da nossa juventude. – adiantou-se Fuentes. – Infelizmente, minha cara, há poucos que sabem e poucos que podem. É assim a vida. Os que têm bons amigos prosperam. Um dia você vai entender isso, sem os idealismos que turvam a visão dos mais novos. Eu também já fui assim...

– E não tem vergonha de abdicar do que é certo apenas para lucrar? Isso não é uma questão de idealismo. É uma questão de ética. Há muitas empresas excelentes que não prestam serviços ao governo. Por quê? Porque não dão presentinhos a...

– Cala-te! – gritou Manolo, levantando-se. – Já chega. Quem foi que botou essas caraminholas na tua cabeça?

– Pois é, meu caro Manolo, veja o que esses padres comunistas estão aprontando. Estão aliciando a nossa juventude.

– Se está falando de padre Jaime, nosso professor de Filosofia... Bem, ele é apenas um cara de olhos abertos, disposto a ajudar quem precisa, justo, solidário. Não era isso que Jesus Cristo pregava?

Neste momento, Tereza percebeu que chegara a hora de intervir.

– Eu vou leiloar dois quadros de um jovem artista. É para as obras da Mater Dei. Estão no terraço. Vamos ver, vamos ver... – disse, puxando pela mão a esposa do deputado.

O clima de confronto se dissipou. O encontro terminou bem para Manolo, que obteve uma promessa do visitante:

– É dando que se recebe, Vásquez. Creio que saberá retribuir essa gentileza no futuro. Vamos acertar tudo para que você toque a reativação da indústria de fertilizantes e estabeleça os primeiros contratos com as cooperativas rurais.

– Muito obrigado. Muito obrigado. Eu sei muito bem o que é a gratidão – respondeu Manolo, em meio a uma taquicardia.

Naquela noite, bem tarde, Tereza visitou o quarto da filha.

– Escuta aqui, Nati, eu queria dizer...

– Ah, mais bronca, não, mãe... Já não chega a humilhação que o pai me fez passar? – irritou-se.

– Não, não, pequeninha. É o nosso segredo. Aqui entre nós, eu concordo com você. Mas vai entender o mundo deles, né?

– Mãe, como a senhora aguenta tudo isso?

– Olha, não fique de mal do seu pai. Ele é um bom homem.

– Disso eu não tenho dúvida, mãe. O problema é ver os bons homens fazendo coisas erradas. Ele não precisou disso para montar a fábrica de brinquedos. Não precisou de ninguém. Não precisou de político corrupto.

– São as regras do jogo. Mas ele não está fazendo nada de ilegal. Pode ficar tranquila.

– Pode não ser ilegal, mas é imoral. Não é transparente – indignou-se Natália, mordendo a barra do cobertor azul.

– Eu admiro você por essa coragem, minha filha. Admiro muito. Eu também gostaria que o mundo fosse mais perfeito, pelo menos um pouquinho mais – sussurrou Tereza, abraçando a filha.

Natália comemorou seu 18º aniversário num bar no centro da cidade, longe dos pais. Da família, estava presente apenas Genaro, que se sentiu deslocado no grupo de músicos, pintores, artistas, *hippies*, todos contestadores do regime. Definitivamente, não era a sua turma. Planejava tomar sua última cerveja quando Júlia chegou. Tinha os cílios pintados, uma sombra forte nas pálpebras, usava batom carmim e calçava botas que a elevavam a pelo menos quinze centímetros do chão.

– Por favor, aqui tem uma cadeira! – gritou, afobado, procurando espantar um cabeludo que teimava em lhe falar de *Hair*, o musical norte-americano que tratava de liberdade, paz e amor. – Depois, você me conta o resto. Preciso tentar algum amor agora, mesmo que não seja o amor livre. Sacou?

– Tu já está entrando na era de Aquário, né irmão?

– Sim, agora só falta uma sereia nesse meu aquário. Agora, chispa daqui – respondeu Alfredo, temeroso de perder a oportunidade.

– É isso aí... Vou conferir o babado com as meninas ali.

Vendo a reengenharia de lugares empreendida por Genaro, a sorridente Júlia resolveu sentar-se a seu lado. Falaram sobre Natália. Depois, sobre os protestos estudantis, que não comoviam o rapaz.

– O pessoal pode até estar certo, mas será que isso adianta? O sistema é mais forte e sempre será – disse ele, comentando o maio de 68.

– Mas a gente não pode abdicar do sonho – repreendeu-o suavemente Júlia.

– Por que uma pessoa não pode ser útil à sociedade dirigindo uma empresa decente? Isso é pecado?

– Não, não é. Mas nem todo mundo entende que um fábrica não se destina somente a produzir dinheiro para o seu dono.

– Olha, eu entendo você e a Nati, mas acho que vocês fundem a cuca com coisas que nunca vão mudar. O ser humano é assim, desde a época das cavernas. Não adianta botar flor no cano de espingarda. O cara vai atirar de qualquer jeito.

– Eu acredito que as pessoas podem mudar. Talvez, não totalmente, mas um tantinho. A gente precisa se desapegar um pouco dos bens materiais – disse Júlia, com semblante sério, olhando fixamente para o teto, pintado com motivos psicodélicos.

– Sonhadora...

– Mas e o nosso time? Será que este ano a gente ganha e sai da fila? Precisamos de um título – perguntou Júlia, animada, sabendo que ali encontraria a anuência do interlocutor.

– Este ano, estamos bem no torneio nacional. É um time bem montado. A torcida está bem confiante. Quer ir ver outro jogo?

– Vamos sim, vamos combinar.

As horas se passaram rapidamente. Genaro, regado a muita cerveja, se perdia em divagações sobre filmes de faroeste, futebol, política e outros temas dos quais nada entendia. Quando parou de falar, estava na cama estreita de Júlia, num apartamento que a moça dividia com uma amiga, na parte decadente do centro da cidade. Provaram-se de todas as formas, com intensidade, até o amanhecer. Depois disso, Genaro dormiu profundamente. Júlia escovou os dentes, tomou um banho, vestiu-se e foi para a loja de armarinhos, cumprir suas nove horas de trabalho.

Os meses seguintes foram bem tensos no clã dos Martín Vásquez. Desiludida com a sociedade e com a moral familiar, Natália foi para os Estados Unidos, morar numa comunidade de jovens naturalistas.

Genaro e Júlia passavam cada vez mais tempo juntos. Numa noite no futebol, ela disse que o "trio" estava feliz com a vitória. Em seguida, confessou a gravidez ao namorado. Segundo ela, começava ali uma família feliz.

Genaro, atormentado com a ideia, sumiu por uma semana. Decidiu passar uns dias na casa de praia da família. Quando retornou, foi ter com Júlia.

– Bom, muito bom ter um filho... Esse vai jogar futebol.

– Você vai poder ensiná-lo a jogar no quintal da nossa casa... mas só se for homem! Se for mulher, vai ser uma tenista muito famosa. Mas também vai saber pintar, cantar e dançar – empolgou-se Júlia.

– Sim, sim... – respondeu, desviando estrategicamente o olhar.

– O que foi? Algum problema?

– Não, Júlia, sabe o que é... tudo isso veio de forma inesperada. Será que estamos mesmo preparados?

Júlia sentiu certa vertigem. Sentou-se numa cadeira, apoiou o queixo nos punhos e fechou os olhos. De cada um deles, desabaram lágrimas pesadas.

– Quer dizer que não vamos nos casar?

– Casar, casar, não. Olha, nós somos muito jovens ainda. Você ainda pode conhecer uma pessoa mais parecida com você. Eu sou... sou... sou meio tosco.

– Mas eu gosto de você. Eu te escolhi – argumentou Júlia.

– Sinto muito, mas vamos dar um jeito nisso, para que ninguém se machuque. Ok?

– Saia daqui, por favor, Genaro. Saia daqui, agora! – ordenou Júlia, a língua travada, esticando o dedo indicador na direção da porta.

Genaro saiu suspirando, meio contrariado, meio envergonhado, meio cansado, meio aliviado.

O fruto da relação nasceu no ano seguinte. Era um menino. O pai o batizou Alfredo Martín Vásquez. Nos primeiros meses, o bebê experimentou vários problemas de saúde. Tinha os pulmões fracos, a resistência baixa, tossia demais. Era frequentador assíduo do pronto-socorro. Enquanto trabalhava, agora numa seguradora, Júlia o deixava com uma prima, pois se recusara a viver da pensão oferecida por Genaro.

Nos primeiros meses, tinha de abandonar o trabalho com frequência para ir ao encontro do filho.

– Júlia, vem para casa que o Alfredo está passando mal – era o que mais ouvia ao telefone.

Prestes a completar um ano, Alfredo teve uma febre alta, resultado de um sarampo. Júlia pensou que o filho não resistiria. Chorou, desesperou-se e julgou ser a pior mãe do mundo. Uma semana depois, entretanto, o menino recebeu alta do hospital. Sobrevivera mais uma vez.

Assim, a jovem mãe decidiu não brincar com a sorte. Ligou para Genaro e pediu-lhe que cuidasse de Alfredo. A princípio, o rapaz disse não, mas decidiu conversar com os pais.

Tereza e Manolo, de início, assustaram-se com a ideia: um neto! Manolo ficou furioso.

– Genaro, seu cabeça-dura, você tinha de ter se casado com essa moça! E a sua honra, o seu nome, tudo o que ensinei a você?

– Mas, pai, eu só fiquei sabendo disso agora! O menino tem saúde frágil, é meu filho... E a Júlia vai viajar, não sei pra onde nem quando volta – mentiu. – Quer que o meu filho seja criado por uma prima dela?

Então Genaro e Tereza aceitaram a missão de cuidar do neto, mas impuseram uma condição: Júlia teria de jurar que jamais reivindicaria a guarda de Alfredo. Pensando no filho, Júlia aceitou a regra.

Um ano e meio depois, Manolo foi procurado pelo deputado Fuentes, que não conseguira se tornar ministro. Ele cobrava uma dívida, o valor de sua intercessão no negócio da fábrica de fertilizantes.

– Mas eu já lhe dei muita coisa, Hernán...

– Pois é, mas isso não tem preço. A amizade não tem preço.

– Eu não sei o que fazer. Acho que a minha obrigação já foi cumprida – disse Manolo, hesitante.

– Sou neto de um conde, e não é de um conde qualquer. Tenho um nome que abre portas. Que tal adicioná-lo ao seu? Sei que Genaro teve um filho, e que esse garotinho não tem mãe...

– Tereza cuida dele...

– Mas ela é avó, já não tem o mesmo vigor. Você quer que o seu neto fique sem mãe?

– O que está propondo? – indagou Manolo, curioso.

– Eugênia é bonita, tem modos, carrega o meu nome. Creio que ela adoraria ser mãe. É uma pessoa quieta, mas tem bom coração...

Naquela época, Genaro levava uma vida sem rumo e sem sentido. Aconselhado por Mário, acabou aceitando a sugestão do pai. Aproximou-se de Eugênia, que se mostrou compreensiva, suave e resignada. Acreditou que o casamento pudesse facilitar na criação do filho e também a vida da empresa.

Assim, cinco meses depois, celebraram-se as bodas de Genaro e Eugênia. O evento atraiu a alta sociedade local. Havia políticos, empresários, altos executivos, jornalistas e ricos desocupados na festa realizada no *country club*.

Então, a vida sossegou. Três anos depois, já consumido pela doença, Manolo soube que Júlia não tinha viajado para longe e passava por dificuldades financeiras. Mandou chamá-la e lhe concedeu um cargo de secretária-executiva na Órion. Acreditou que esse ato poderia redimi-lo de alguma falta cometida. Queria encontrar Jesus de mãos limpas e coração puro. Pediu apenas que ela fizesse até o impossível para honrar o juramento de não revelar a ninguém ser a mãe de seu neto.

Manolo morreu dois meses depois, em casa, nos braços de Tereza. Em delírio, tinha nas mãos grossas as mãos lisas do menino Alfredo, por quem se afeiçoara tremendamente.

– Procure ir sempre mais alto, Alfredinho. Sempre mais alto. E leve a sério os brinquedos... – foram suas últimas palavras.

Numa manhã garoenta, Alfredo reuniu representantes dos trabalhadores de vários setores da Órion. Pediu desculpas pelos excessos da "cartilhinha", dissertou sobre os valores da empresa e, por fim, ouviu comentários, críticas e sugestões. Considerou o resultado do encontro altamente satisfatório. De alguma forma, a grande engrenagem voltava a funcionar.

Na sequência, teve uma reunião com toda a equipe administrativa. Mário Machado foi o primeiro a falar. Tinha o semblante ainda mais duro que o normal, resultado da revogação das medidas que tomara com o objetivo de sanar as finanças da Órion.

Consultando um volumoso documento, recheado de gráficos e tabelas, mostrou os graves problemas da empresa. Fez projeções sombrias e cobrou atitudes dos colegas gestores.

Sugeriu, por exemplo, a venda da unidade de fios e cabos a um concorrente, no que foi prontamente rechaçado por Alfredo.

– Isso afetaria ainda mais a imagem da empresa. Mostraríamos uma fragmentação.

– Mas esses recursos podem dar fôlego às outras áreas – sustentou.

– Essa unidade é uma conquista do meu pai. Não seria justo nem digno que nos desfizéssemos dela – argumentou.

– A sua conta não fecha, Alfredo. Seu cobertor é curto. Ou a gente corta, reduz, diminui... ou então gera mais receita. Concorda?

– Sim... – anuiu Alfredo, titubeando. – Geramos receita, então.

– Temos uma chance. Eu já disse aqui, mas vou reiterar. Nossas unidades podem perfeitamente produzir vários componentes para a WLP. Eles pagam bem, pagam em dia.

– Essa é a empresa que produz armas, não é? – interveio Armando.

– Você sabe que é. Todo o mundo sabe.

– Isso vai contra a filosofia da empresa, Mário. Meu avô sempre se posicionou contra esse tipo de negócio. A Órion surgiu de uma pequena empresa fundada para proporcionar alegria às pessoas, e nunca sofrimento.

– Meu Deus... Com todo o respeito, mas você encarnou a sua tia Natália... Se ela gasta em filantropias o dinheiro que recebe como acionista, tudo bem. Ela tem esse direito. Mas a fonte vai secar... Vai secar, Alfredo.

– Mas é um problema moral! – disse Armando.

– Olha, essas armas não serão usadas aqui. Certo? Serão empregadas em conflitos na África, no Oriente Médio, bem longe das nossas casas.

– Mas o efeito é o mesmo – retrucou Armando.

– Escutem... Essa turma quer se matar. Eles gostam disso. Se não formos nós a confeccionar essas armas, outros farão isso. Ou seja, vai ter metralhadora com ou sem a nossa participação.

– E a imagem da empresa? – perguntou Marco De Grandis.

– Nosso nome não vai aparecer. Produziremos apenas componentes.

– Isso é imoral. Alfredo, isso é imoral. Eu não concordo – exaltou-se Armando.

– Meu caro – retorquiu Mário –, esse povo se mata com facão, tacape, mordida. Com ou sem armas, eles vão continuar se atacando. É gente bárbara.

– É preconceito seu, Mário. As armas fomentam a violência, fazem a ideia de guerra se tornar uma realidade. Vamos ter as mãos manchadas de sangue – protestou Armando.

– Você ajuda a produzir uma arma. Você não aperta o gatilho. Uma arma pode ser usada, por exemplo, para que uma família se defenda de um inimigo – argumentou Mário.

– Cinismo... É muito cinismo – respondeu Armando, que se levantou e deixou a sala.

Mesmo constrangido, Alfredo arriscou continuar o debate no plano estritamente técnico.

– E quanto isso nos renderia, Mário?

– De cara, teríamos um adiantamento que nos permitiria pagar 70% das dívidas com os fornecedores. Depois do primeiro lote, quitaríamos o restante... Mais dois ou três meses e poderíamos saldar os débitos contraídos recentemente com os bancos.

Ouviu-se um "Ahhhh" coletivo. A proposta era tentadora.

– Três dias para pensar no assunto, Mário – decretou Alfredo.

– Tempo demais...

– Ok, uma reunião em dois dias. Democratize os dados sobre o negócio. Quero uma cópia. Envie outras para os demais membros do Management Team.

NO DIA SEGUINTE, Alfredo visitou a casa que pertencera aos avós. A família pretendia transformá-la num memorial. Por conta da crise, entretanto, já cogitavam vendê-la a uma construtora.

Pisou no assoalho de tábuas longas, sob as quais, em criança, acreditava morar um enorme rato assassino. Erguendo um rodo, fez balançar o grande lustre de cristal da sala principal. Ao acender as luzes, viu milhares de pontinhos de luz desfilar pela parede. As pedras penduradas em fios colidiam umas com as outras, reproduzindo o som de um sino de vento. Sentou-se no chão e pôs-se a relembrar a infância.

Nesse momento, ouviu o batucar de saltos altos. Logo, viu Letícia na porta que dava para o ***hall*** de entrada.

- Ah, você está aqui - surpreendeu-se a irmã.

- Vim ver... A pedido das tias...

- Mas você nunca se importou com essas coisas, com a memória da família.

- Engano seu, Letícia - disse Alfredo.

- Pensei...

- Você pensa muitas coisas sobre mim... Quase sempre se engana...

- Pode ser - concordou a irmã. - Por vezes, nem parecemos irmãos. Eu tenho muito de Genaro, mas muito de Eugênia... Você não...

- Tem razão. Às vezes, eu acho que mamãe não existiu...

- Credo, Alfredo, que horror...

- Deixa eu terminar a frase? Pode ser? Isso não quer dizer que eu não sinta saudades dela. Mas é uma figura diáfana, perdida numa espécie de filme antigo.

- Eu me lembro muito bem dela...

- Para mim, ela era uma espécie de divindade, discreta. Passou por esse mundo tão rapidamente. Lembro bem quando me contaram do acidente com o jatinho. Eu já sabia...

– Alfredo, precisamos decidir que destino dar a este casarão. Vai ter o memorial? E o livro com a história da empresa? Cadê? É fundamental. Por que não autoriza o Armando a procurar um escritor?

– Por que você só pergunta? Você está sempre perguntando...

– Isso é com você, Alfredo! Por que você raramente responde? Então, é preciso perguntar o tempo todo – disse Letícia, fazendo meia-volta e encaminhando-se para a saída.

O toque-toque dos saltos encheu a mente de Alfredo. Depois, dissipou-se. Sentado no chão ainda, pensando na vida passada, presente e futura, mergulhou num torpor suado. Via o avô andando pela sala com um charuto. Ao lado dele, a avó Tereza, com uma tigela de escabeche. Sentiu a pele quente, uma febre, uma falta de ar. E, assim, contemplou-se num berço, doente, recebendo antibióticos numa colherzinha de plástico vermelha.

Naquele momento, pensou que sempre fora fraco, que sempre tivera medo, que a vida lhe fora mantida sempre por um fio. Deitou-se no chão com os fantasmas e teve um pesadelo com a guerra. Meninos de uma tribo africana estavam ajoelhados no pátio de uma escola, com as mãos na cabeça. Eram vigiados por homens grandes, vestidos como militares, que apontavam rifles para a cabeça deles. Um rapaz sem rosto, então, invadia o palco dos acontecimentos, tomava as armas dos milicianos e libertava os jovens cativos.

Nesse momento, despertou. Seu herói onírico não era Rambo nem Chuck Norris. Era mais um arremedo de si próprio, um *alter ego* mais confiante e destemido, menos hesitante e temeroso.

Mas precisava ser corajoso para salvar crianças indefesas ou a Órion e sua tradição?

A reunião do dia seguinte foi tensa. Contou com a presença da diretoria e de quase todos os membros do conselho. Os familiares estavam ali, curiosos para saber das novidades e preocupados com suas contas bancárias.

Mário Machado apresentou didaticamente a proposta do negócio com os produtores de armas. Foi claro e eloquente. Recebeu até um discreto aplauso. Armando dissertou contra a negociação, mas não pareceu comover a pequena plateia. Decidiu-se por uma votação no conselho, ao qual seriam agregados quatro diretores. A pedido de Letícia, o sufrágio foi secreto. Alfredo absteve-se de manifestar sua opinião. Teria o voto de minerva, caso houvesse empate.

De Grandis efetuou a contagem. Ao final, empate em oito a oito.

Alfredo sentiu o coração na boca. A cabeça latejava e um zumbido estranho alternava-se de um a outro ouvido. Mário Machado, confiante, mirou-o com um meio sorriso, aquele sorriso de lagarto, irônico, que evocava medo em seus rivais.

Alfredo ajeitou a gravata e pensou fazer a escolha usando a brincadeira do "salameminguê". Em seguida, porém, considerou a loteria infantil um recurso dos fracos. Passaram-se trinta segundos de um silêncio sepulcral. Pigarreou e apresentou seu veredito:

– Seria mais fácil tomar a decisão contrária, seria menos doloroso para nós todos. Mas eu digo que não. Nunca, nunca vamos contribuir com a indústria das armas e do extermínio. Daremos outro jeito. Sinto muito. Esta reunião está encerrada.

– Como encerrada? – protestou Machado, com os olhos arregalados, em desespero. – Você sabe o que está fazendo? Enlouqueceu? Vá tomar um café, pense a respeito e depois volte para apresentar a sua opinião.

– Mário, eu sinto muito, mas não vou mudar a minha decisão. Sabe qual é o principal patrimônio de uma empresa? Sabe? São os seus valores e princípios. Não vamos manchar a nossa história para resolver um problema pontual de caixa.

– Não é um problema pontual de caixa, menino! – reclamou Machado, em descontrole, esmurrando a mesa. – Esse é o melhor negócio que podemos fazer agora. Eu levei meses e meses convencendo essas pessoas a fechar o acordo conosco. Você não tem o direito de destruir um projeto como esse. Isso é vaidade, vaidade infantil.

– Meu avô mandaria você calar a boca, Machado. Mas eu vou ser mais educado. Vou apenas explicar de forma clara o meu argumento. Esta empresa nasceu com um propósito e com uma alma. Começamos produzindo coisas que simplesmente alegravam e educavam crianças. Depois, passamos a fabricar coisas que facilitavam a vida dos adultos, mas sempre levando em conta preceitos éticos. É isso que nos sustenta. É isso que vai fazer a Órion recuperar clientes e superar a crise.

– Este é o meu sobrinho! Este está no lado bom dos Martín Vásquez! – comemorou Natália, aos berros, esfregando as mãos nos cabelos de Alfredo. – Mas veja se dá um jeito, hein...

– Bom, então vocês se virem. Só não quero que falte dinheiro para o remédio da diabetes – emendou Gertrudes, limpando com um lencinho de papel os óculos de lentes grossas.

Leila e Gasalla devoraram cada palavra do capítulo sobre a coragem. Afinal, alguns mistérios da trama começavam a ser revelados. Para além da teoria, havia também vivo interesse na história da família.

Gasalla convidou os amigos para um jantar no bairro oriental da cidade. Diante da mesinha baixa, o professor e a conferencista contaram suas férias na França e no México. Depois, manifestaram-se impressionados com os fatos narrados no sétimo trecho da obra.

Gasalla fez o primeiro comentário:

– Muito interessante saber um pouco da história de Natália. Muita gente que está à margem da história passou a ter importância no enredo. Essa mulher anônima, raramente citada na imprensa, deu um exemplo importante de coragem e integridade.

– Concordo – interveio Leila. – Ela tinha clareza e coerência para sustentar seus pontos de vista. E defendia ideias, não patrimônio ou regalias. Ainda jovem, não teve medo de enfrentar um homem poderoso para expor o que considerava justo.

– Sim, trata-se de uma pessoa especial – disse Nelson.

– Ela teve a coragem, o que, de certa forma, faltou ao Genaro – disse Gasalla. – Nesse episódio pessoal com Júlia, faltaram-lhe clareza, coerência e também coragem. Também não foi valente o bastante para buscar seu sonho, que era tornar-se um atleta.

– É preciso ver a situação em que ele se encontrava – ponderou Leila. – Talvez estivesse fragilizado. Tinha uma carga de pressões nas costas. Era bem mocinho...

– Também não tenho opinião formada sobre as decisões de Júlia. Não sei se ela foi corajosa ou covarde ao abrir mão da guarda do filho – disse Gasalla, em dúvida, franzindo as sobrancelhas.

– Aí, é necessário um exercício dialético, não é? Como você mesmo diz, professor, a gente precisa se colocar no lugar dela, viver aquela situação complicada. O menino não tinha boa saúde – argumentou Leila, como uma advogada.

– Vou levar isso em consideração – anuiu Gasalla, impressionado com a fala da amiga. – Até mesmo Genaro, por outro ângulo, pode ser visto como um corajoso. Foi o sujeito que assumiu a empresa da família, depois que outros irmãos fugiram da tarefa. Então, se pensarmos na sobrevivência da empresa, ele tem méritos, sim.

– Só um aparte – disse Nelson. – Falamos tanto de família nestes meses. Será que ela ajuda ou atrapalha no processo de construção de uma nova gestão corporativa?

– Finalmente, chegamos nessa questão – suspirou Gasalla. – Francis Fukuyama afirma que muitas vezes a lealdade e as obrigações para com a família têm precedência sobre todas as demais lealdades e obrigações. Para muitos autores, esse comportamento de grupo tende a reduzir os estímulos individuais nos campos do trabalho e do investimento.

– Quer dizer que isso é ruim? – perguntou Nelson.

– Não é necessariamente ruim. Depende muito do tipo de família. Elas variam muito de cultura para cultura. Na China pós-revolucionária, por exemplo, os maoístas tentaram afastar as pessoas do núcleo familiar para que se tornassem mais dispostas a cooperar com os desconhecidos, com os irmãos da grande pátria.

– Queriam constituir uma super-hipermega família nacional...

– Mais ou menos por aí. Curioso é que as novas gerações de chineses adotaram alguns padrões gregários que eram de seus avós. Tornaram-se profissionais capacitados que lutam para ter famílias estáveis, conforme o figurino tradicional.

– Mas e no caso das empresas?

– Nesse caso – disse Gasalla, interrompendo-se para tossir –, é tudo muito complexo. No princípio, a família tende a influenciar a empresa. Depois, o sentido pode ser inverso. Um exemplo disso é que os princípios de Manolo deram uma fisionomia à companhia. Mas, no caso das gerações seguintes, parece que a empresa se converte na referência de conduta das pessoas, mesmo no ambiente privado da família.

– Mas o ideal seria uma relação harmoniosa entre família e empresa, não? – questionou Nelson.

– Não sei bem o que você quer dizer com "harmoniosa" – riu Gasalla. – Creio que seja meio utópico, porque sempre vai haver tensão, gente querendo mandar, gente querendo sua parte em dinheiro. Não tem jeito. Creio que o ideal seria falar numa relação equilibrada e consistente.

– Tem razão. Esses termos são melhores – concordou o escritor.

– Veja bem: existem famílias que são extremamente unidas, mas não oferecem exemplo ético ou moral – disse Leila. – É o caso da máfia. As famílias obedecem a um código rígido de fidelidade, mas têm como foco a prática criminosa. E, mesmo entre eles, os crimes e as traições são muito frequentes.

– Capo Mário Corleone! *La vendetta* – brincou Nelson. – Mas, Leila, voltando ao Genaro, esse sujeito não tem méritos ao manter funcionando o negócio da família?

– Lógico que tem – disse ela. – E ele é figura fundamental nesse processo de robustecimento da empresa. Houve um momento em que assumiu o encargo com disposição e determinação. Há muita gente com ideias fantásticas, mas que não coloca nada em prática. Há gente bem-intencionada que acaba se esquivando das obrigações. De forma geral, não foi o caso de Genaro. Ele pode até ter errado, pode ter se transformado em um mandão, mas se constituiu no eixo da Órion. Esteve presente, ativo e não fugiu da raia nos momentos difíceis.

– Então... – interrompeu Nelson.

– Então, meu caro, ele é o sujeito que fez a coisa andar, botou dinheiro nos cofres da família estendida e garantiu que as dondocas pudessem passear de gôndola em Veneza e comprar casacos de pele de marta, algo, aliás, muito incorreto – emendou Leila.

– Olha... Alguns dos atributos do Alfredo, descobertos nesse processo, me parecem referências transmitidas pelo pai – observou Nelson.

– Pode ser, mas já existe um traço dele, autoral, nesse momento da trama – disse Gasalla, já saboreando sua comida. – O Alfredo, depois de muita lambança, começou a se revelar uma pessoa íntegra e disposta a corrigir suas falhas. Ele tem a coragem de ouvir críticas e de enfrentar o poderoso Mário, uma espécie de Cardeal Richilieu da Órion. Não é pouca coisa.

– Há virtude nessa conduta, ainda mais se considerarmos a situação vulnerável da empresa nessa época – acrescentou Leila. – Deixa eu reler umas frases que sublinhei: "Isso vai contra a filosofia da empresa, Mário. Meu avô sempre se posicionou contra esse tipo de negócio. A Órion surgiu de uma pequena empresa fundada para proporcionar alegria às pessoas, e nunca sofrimento". Aqui ele foi corajoso por rejeitar o negócio e também por apresentar uma defesa com base em valores intangíveis.

– E isso ocorreu num debate público. Ele não tomou a decisão por meio de uma nota – frisou Gasalla. – Nesse processo, ele foi obrigado a ouvir a opinião discordante do Mário, enfrentou suas ameaças veladas e não retrocedeu.

– Gostaria de ter estado lá para ver a cara do Mário – comentou Nelson.

– É importante lembrar que ele assumiu um risco danado ao não fechar o acordo com os fabricantes de armas – destacou Leila. Ele podia largar tudo na mão do Mário, ir para o Nepal e deixar que o pessoal se lascasse. No entanto, ele assumiu um risco pelos outros. Uma atitude corajosa como essa revela um alto grau de comprometimento com o grupo, com a marca, com a história da organização. Certamente, depois do impacto inicial, ele deve ter ganho a confiança de muita gente próxima.

– Aqui tem algo que eu gostaria de ressaltar – disse Gasalla. – Frequentemente, é mais fácil tomar uma decisão com base em argumentos racionais. É mais complicado, especialmente numa empresa, deliberar com base em sentimentos ou valores. Afinal, tem dinheiro em jogo. E foi o que o Alfredo fez. Decidiu a questão se baseando no que lhe dizia o coração.

– E optando por um caminho que muitos consideravam perigoso e inviável – completou Nelson.

– Essa é uma característica das pessoas corajosas – disse Leila. – Elas têm um forte compromisso emocional com o que fazem. Ali, naquela reunião tensa, ele se atreveu a tomar atitudes incomuns para um diretor-presidente responsável por uma empresa envolvida em sérias dificuldades financeiras. E assumiu a decisão mesmo correndo o risco de levar a empresa à falência.

– E isso é tão raro assim nas corporações? – perguntou Nelson, enquanto dava mostras de manusear perfeitamente bem os *hashis*.

– Com certeza, não é algo que se vê todos os dias – respondeu Gasalla. – Muitos executivos acomodam-se na zona de conforto. Ficam felizes de apresentar bons resultados trimestrais e gerar lucro para os acionistas. Não fazem nada que possa ameaçar esse estado de estabilidade.

– Quer dizer, então, que o sucesso também paralisa?

– Ele gera um tipo especial de repouso – respondeu Gasalla. – Muitas vezes, esses líderes tendem a permanecer paralisados, especialmente quando se trata de questões "macro", cuja amplitude os supera. Aí, vale pensar: e se todos nos rendêssemos a esse estado de passividade? Certamente, teríamos um futuro pior que o presente. Afinal, é preciso manutenção permanente nos processos que nos garantem bem-estar e estabilidade. Como alertou Edmund Burke, "para que prevaleça o mal, basta que os homens bons não façam nada".

– Mas esse comodismo não se constitui numa... infração moral? – insistiu o escritor.

– Olha, amigo – respondeu Leila, parando para tomar um golinho de saquê –, o idealismo frequentemente submerge no mar da exigência. O cara pode ser ótimo, ir à missa todo domingo, contribuir com mil casas de caridade, mas no ambiente da empresa os resultados financeiros falam mais alto... Não vamos generalizar. Tem gente boa fazendo a coisa certa por aí? Tem! Mas em muitos casos vemos respeitáveis administradores abandonando seus valores e princípios. Manter essa ética dinâmica dá muuuuuito trabalho.

– Dinâmica? – insistiu Nelson.

– Veja o caso do Alfredo – disse ela. – Ele não fechou com os fabricantes de armas. Aí tem uma decisão que se baseou em conceitos éticos e morais, uma coisa que ele aprendeu desde cedo. Mas e agora? Vai ter uma missão dificílima pela frente. Vai ter de buscar alternativas, vai precisar cortar custos, vai ter de ralar para encontrar um negócio limpo. Ou seja, sua decisão ética resulta na exigência de uma conduta proativa.

– Exato – complementou Gasalla. – Ele comprou uma briga? Ok. Então, vai ter de trabalhar muito mais para encerrar a crise na empresa. Vai ter de conversar com os colaboradores, parceiros e até mesmo com os clientes. Terá de ser hábil para costurar alianças e estabelecer laços de cumplicidade.

– Esse é um conceito interessante – disse Nelson.

– E, nesse caso, ele não vai conseguir nada sozinho. Vai ter de negociar apoios internos e externos. Vai precisar de aliados... – explicou Gasalla. – Porém, é aí que reside o saldo de aprendizado dessa batalha. Como dizia Castelão, "o verdadeiro heroísmo está em transformar os desejos em realidades e as ideias, em feitos".

– O problema é que o triunfo nem sempre é fácil quando se trata de motivar e mobilizar pessoas. A "zica" é depender das pessoas – advertiu Leila, usando uma gíria.

– Ele vai precisar de cumplicidade – pontificou Gasalla. – Do alinhamento de valores que faz existir uma sintonia entre duas ou mais pessoas. Em um grau muito elevado de cumplicidade, poderemos chegar à sincronicidade. Trata-se de uma comunicação multissensorial. É um fluir interativo que possibilita um "sentir conjunto" de certas realidades. Para sair de um buraco fundo como esse, Alfredo vai precisar construir essas linhas de contato e colaboração.

– Temos uma questão importante aí – afirmou Leila. – Por vezes, o mais corajoso não é aquele que toma decisões polêmicas ou que declara guerra ao mais forte. Por vezes, o verdadeiro valente é aquele que toma para si uma responsabilidade de longo prazo. É o sujeito que se compromete com missões longas, complexas, que demandam paciência e perseverança. E esses nem sempre são reconhecidos. Os países enaltecem o sujeito que comandou um exército para invadir o país vizinho, mas raramente se lembram dos planejadores urbanos que construíram as estruturas de saneamento básico. Normalmente, esse anônimo projetador de tubulações é o verdadeiro herói, o que salvou mais vidas.

– Tá certo... Mas eu queria voltar à questão do medo – disse Nelson. – Muitas vezes é esse sentimento que nos enterra num lugar. E é o que acelera as espirais de decadência das empresas.

– Especialmente porque medos são colecionáveis, não é? – brincou Gasalla. – A gente pega um e logo pega outro. E, se não fizer nada, acaba montando uma vasta galeria. A gente pode até mudar de casa, de emprego, mas normalmente leva junto esse trambolho inconveniente. E aí a coisa fica triste. Lembro o que pregava Charles Chaplin: "A vida é maravilhosa se dela não temos medo".

– Mas eu gostaria de definir bem a figura do corajoso. É algo que não está bem claro, especialmente quando falamos de empresas. Por vezes, aparece na mídia, todo sorridente, o sujeito que fez uma aposta especulativa e deu sorte. Já o destemido que arriscou passar anos desenvolvendo uma vacina ou um *air bag* inteligente acaba frequentemente esquecido, sem qualquer reconhecimento – lamentou Nelson.

– Talvez porque muitos dos grandes realizadores têm medo de aparecer e de falar de suas conquistas – observou Leila. – Entregam seus feitos nas mãos de outros. E também porque as pessoas costumam valorizar mais os feitos de natureza épica. Isso está em nossa alma, desde sempre, porque somos todos gregos.

– Ao olho educado pelo mito, o golpe certeiro da espada vale mais que mil filosofias – teorizou o escritor.

– Eu creio que o problema de muitas pessoas está na fase de transição entre o projeto e a realização da obra – opinou Gasalla. – De fato, é importante ter uma visão, sonhar, imaginar, estudar, mas pouco se faz se não damos o passo seguinte com decisão. Em *Os lusíadas*, o poeta Camões diz, com propriedade, que não se aprende no sonho e na fantasia, mas vendo e lutando. Eu acho que muitas pessoas demoram demais até dar esse primeiro passo no território do concreto.

– Mas então, Gasalla, você é dos que aplaudem o sujeito da espada? – perguntou Nelson.

– Não, não – explicou o professor. – Não necessariamente. Quando falo de passo adiante e de luta, eu uso metáforas. Meu elogio aqui é à iniciativa, e ele vale para filósofos, inventores, cientistas e toda classe de gente que faz algo positivo acontecer.

– Goethe trata muito bem desse conceito de iniciativa – lembrou Leila. – Ele escreveu: "Comece aquilo que você sonha ou pode fazer; a audácia têm gênio, poder e magia".

– Sim, é preciso começar, dar o primeiro passo, e isso é muito difícil para alguns indivíduos – insistiu Gasalla. – Certas pessoas preferem ficar aprendendo a vida toda, sem colocar nada em prática. E esse é um vício muitíssimo antigo, que já chamava a atenção de mestres como Buda. Ele advertia que as pessoas deviam ser responsáveis pelo esforço, que os mestres somente indicavam o caminho.

– Pelo que vejo, o tema está presente na obra de muitos filósofos, religiosos e escritores – comentou Nelson.

– De fato – concordou Leila.

– É porque os sábios sempre tiveram de combater o comodismo de seus pares – disse Gasalla. – Jesus, por exemplo, pediu que alguns apóstolos ficassem orando com ele, no Monte das Oliveiras, mas os sujeitos dormiram. Preferiram alienar-se no sono. E em quase todos os momentos críticos da história encontramos um acomodado ou um covarde. Há sempre quem não quer se arriscar, quem resista a colocar sua energia num grande projeto.

– E esses normalmente morrem ignorantes – criticou Nelson.

O professor fechou os olhos por um instante e reproduziu, com calma, um ensinamento que recebera muitos anos antes:

– Meher Baba dizia que da praia se podia contemplar o oceano, mas esses observadores somente conheceriam a superfície da água. Quem quisesse conhecer o mar em profundidade, isto é, em toda sua riqueza, precisaria estar disposto a mergulhar.

– Mas me diga uma coisa, Nelson – perguntou Leila. – Você já mostrou tudo isso ao nosso parceiro?

– Não, não mostrei. Há coisas que talvez tenhamos de omitir. Tenho conversado com muita gente e obtido muitas informações sigilosas. Na verdade, nós três sabemos hoje de fatos que muitos membros da família Vásquez desconhecem.

– Então, temos podeeeeer – brincou Gasalla, arregalando os olhos e erguendo os longos dedos como tentáculos.

– Se temos poder, temos também muita responsabilidade. Não temos o direito de sair por aí divulgando esses fatos – advertiu Leila.

– Vou precisar de coragem para cortar trechos expressivos da narrativa que vou mostrar ao pessoal da Órion – disse Nelson. – Uma pena...

– Mais fácil você retalhar o texto que comer peixe cru – sentenciou Leila, arrancando risos fartos dos amigos.

QUADRO 7

PARA TER CORAGEM...

- Por vezes, escute **mais o coração** e menos o que chamam de razão.
- Ouça o **espírito** e não somente o cérebro.
- Faça coisas às quais os outros se **opõem**.
- Atreva-se a **comportar-se** de forma diferente.
- Ouse **ser você mesmo**, ainda que isso possa lhe acarretar prejuízos.
- Não vacile ao **defender o que é justo**, mesmo que isso não lhe seja conveniente.
- Distancie-se da **zona de conforto**, se for necessário.
- Não tenha vergonha de defender suas **convicções**.
- **Não poupe energia** ao tentar desenvolver um projeto.
- **Delegue**, e isso aumentará sua **coragem**.
- Se for necessário, **dê uma "banana"** para o *status quo*.
- Não fuja das **críticas**. Aceite-as, ou contra-argumente.
- **Mude**, antes que os outros mudem.
- **Não creia** nesta frase: "Isso é impossível".
- Tenha coragem de **desaprender**, para aprender do jeito certo.
- Diga "Não sei" se não souber. **Se errou, admita.**
- Não negocie princípios **éticos**.
- Perceba que o preconceituoso costuma também ser um **medroso** e tem **problemas de autoconfiança**.
- Confie nos outros como **legítimos** outros.
- Saiba ser **assertivo** sem ser agressivo.

- Admita que **outros sabem mais** que você em várias questões.
- Tome **decisões**, ainda que não sejam perfeitas.
- Busque **pessoas bem preparadas** para tomar parte da sua equipe. Não tema a concorrência.

CAPÍTULO 8

Uma questão de comprometimento

A sala de Mário Machado não tinha ornamentos, tampouco fotos de família. Para distrair-se, o executivo mirava um pequeno aquário, no qual mantinha apenas um peixe beta azulado. Quando lhe perguntavam a razão, dizia que era mais fácil vigiar um peixe do que um cachorro ou um gato. Sabia sempre onde estava seu animal de estimação, ao qual dera o nome de Calado. Mas por que apenas um? E a resposta estava sempre na ponta da língua:

– Mais fácil confiar em um do que em dois. Sozinho, ele nunca vai mover uma conspiração.

No dia seguinte à histórica votação no conselho, Mário resolveu não trabalhar. Passou o dia jogando paciência e conversando com Calado.

– Todos incapazes, tolos e invejosos – imprecava, aproximando a boca da lâmina d'água.

No meio da tarde, foi informado pelo interfone de que tinha uma visita. Era Márcia, a secretária que fora incumbida de cuidar do agora extinto PRF. "Mais essa agora?", pensou Mário, irritado.

– Tá, mande entrar.

– Boa tarde, dr. Mário. Como vai o senhor? – disse Márcia, enroscando os dedos no colar de pérolas falsas.

– Espero que tenha algo muito importante a me dizer.

– Bom, eu não sei se o senhor sabe, mas eu admiro muito o seu trabalho na empresa... E...

– Olha, eu já tenho uma secretária. É quieta, não me perturba.

– Ah, sim... Eu a conheço, pessoa muito competente, muito direita...

– Então...

– Como o senhor sabe, eu cuidei das questões ligadas à implantação da cartilh..., isto é, do PRF. Um projeto muito bom, que infelizmente foi abandonado.

– E daí?

– Pois, há muita informação preciosa em meu poder. Muita, muita coisa...

– E quer me vender isso? – perguntou Mário, enfiando os polegares sob os suspensórios.

– Imagina. Nem pensar. Mas creio que o senhor poderia utilizar alguns desses dados sigilosos para moralizar a companhia.

– Eu não sou um moralista, minha senhora. Tampouco um falso moralista.

– Mas o senhor não é como eles. Acredita na autoridade, na disciplina e não dá trela a esses vagabundos.

– Nisso, talvez você tenha acertado. De quem você não gosta na organização?

– Eu? Bem... Eu reprovo essas medidas populistas. O sr. Alfredo ia bem, mas virou um populista. Desculpe ser franca... – disse Márcia, ajeitando a lapela do terninho.

– Compareça neste restaurante amanhã às oito da noite. Vamos conversar – ordenou Mário, entregando-lhe um cartão.

Não longe dali, em sua sala, Alfredo captou no ar um aroma de jasmim. Interpretou-o como um presságio e assustou-se, como era de costume. Parecia a fragrância usada por Carla. Abriu a porta da sala e inquiriu as secretárias:

– Alguém está usando perfume de jasmim?

– Olha, muitos perfumes contêm jasmim na fórmula... – disse-lhe Júlia.

– Eu sei. Mas eu falo de jasmim mesmo. Um cheiro como aquele da flor... – respondeu inquieto, aproximando-se das moças como um cão perdigueiro, exercitando o olfato.

– Eu não sou. Uso um à base de bergamota – adiantou-se Júlia.

Alfredo convenceu-se de que recebera um aviso e sentiu um arrepio correr-lhe a coluna. Arrumou suas coisas e partiu para casa, rapidamente. Lá, no criado-mudo, pegou a agenda de couro. Foi até o C, de sua Carla, e começou a teclar os números, mesmo os riscados. No último deles, recebeu resposta de uma voz feminina.

– Carlaaaa, é você? – suspirou.

– Não, é Sílvia.

– Sílvia, que Sílvia? – perguntou. – Esse não é o telefone da Carla?

– Quem está falando?

– O Alfredo...

– Alfredo, não se lembra de mim? Sou a Sílvia, a irmã de Carla.

– Ah, sim... Desculpe. Devo ter me enganado. Pensei que esse telefone fosse da Carlucha...

– Sim, esse celular era dela. Passei a usar, sei lá por qual motivo... É bonitinho, rosinha, tem um chaveiro japonês pendurado...

– E você tem o telefone atual dela?

Houve um silêncio profundo do outro lado da linha.

– Alô, Sílvia, ainda está por aí? – insistiu Alfredo.

– Estou...

– Acho que a ligação está com problema. Perguntei se você tem o atual telefone dela. Faz tempo que não nos falamos e...

– Alfredo...

– O que foi?

– Alfredo, eu pensei que você soubesse...

– Soubesse do quê?

– A Carlinha se foi. Sofreu um acidente de automóvel em setembro do ano passado. Até agora nada foi bem explicado. Disseram que estava num táxi que caiu de uma ponte. É uma história confusa...

Alfredo deixou cair o telefone, paralisado, a boca trêmula. Sentiu falta de ar. Procurou a bombinha que não usava desde criança. A bombinha não existia mais. Não havia remédio nos armários e nas gavetas.

Deixou cair a agenda, e dela a pétala de gardênia, que planou suavemente até pousar no carpete cinza.

No dia seguinte, Alfredo encontrou-se com Sílvia. Perguntou muito. Ouviu pouco. Depois, foi ao cemitério. Encontrou o jazigo da família de Carla. Ajoelhou-se, orou baixinho, movendo os lábios de mansinho. Deixou ali uma garrafa de tequila.

À tarde, na empresa, chamou Armando em sua sala.

– Investiga isso aqui pra mim.

– Eu? – respondeu o cunhado, colocando os óculos e olhando um papel cheio de rabiscos.

– Sim, Armando. Você tem um monte de amigos jornalistas.

– Mas o que é? Carla? É aquela moça com quem você saía?

– Sim, quero saber como tudo se passou.

Naquela noite, Mário Machado jantou com a secretária Márcia. Comeu um filé malpassado sanguinolento e macarrão com muito molho de tomate. Tomou vinho tinto, o Corvo de Salaparuta.

Ela preferiu uma sopa de legumes. Bebeu água com gás. Falaram pouco, mal trocaram olhares. Mas acertaram os ponteiros. Estabeleceram um acordo.

O dia seguinte foi uma sexta-feira. Depois do almoço, Armando decidiu falar com Alfredo, que encontrou debruçado sobre a mesa de trabalho.

– Está tudo bem contigo? – perguntou, preocupado.

– Não dormi muito bem – disse o cunhado, enfiando os dedos pelo cabelo em desalinho.

– Toma maracujá – sugeriu Armando, sem jeito.

– E então, o que descobriu?

– Olha, eu não sei bem como te dizer... Mas...

– Como? – espantou-se Alfredo.

– Não sabíamos. Naquele momento, não sabíamos. É uma fatalidade. Uma coincidência terrível.

– Explica, explica direitinho. Você não é o homem da comunicação?

– Pois é, Alfredo – disse Armando, lívido, baixando os olhos –, naquela noite do acidente com o seu pai tudo estava confuso. Eu tinha de tomar algumas decisões. Nem você nem Letícia estavam em condições de raciocinar.

– Cara, o que tem a ver o acidente de meu pai com... – quis perguntar Alfredo, interrompendo-se horrorizado. – A tal moça, a moça que estava com ele...

– Eu juro que não sabia. Juro. Descobri isso hoje, ligando os fatos. Eu sabia que já tinha visto ou ouvido aquele nome em algum lugar.

– Mataram ela? Mataram? – desesperou-se Alfredo, perfurando os lábios com os incisivos.

– Não, não, não... Seu pai nunca havia conhecido Carla. Lembra-se? Depois daquele episódio na torre, vocês cancelaram o jantar. Bem, naquela noite terrível do acidente, ele conheceu uma certa Danuska numa casa noturna. Estavam indo para a casa dele.

– Como?

– Alfredo, Danuska era um nome que Carla usava... Um codinome.

– Ela...

– Ocorreu o acidente. Infelizmente, ela não resistiu aos ferimentos.

– Mas como? A família dela não sabe de nada. Como?

– É minha culpa – disse Armando, batendo no peito com a mão espalmada. – Seria um escândalo. A família e a empresa iriam sofrer muito com isso. Poderia haver uma acusação formal. Eu conheço a imprensa. Imagine as manchetes: "Famoso empresário envolvido em morte de garota da noite"...

– Isso é uma vergonha... – protestou Alfredo, sem esconder a indignação. – Não é vergonha o que ocorreu, mas a sua conduta mesquinha, falsa, hipócrita, desumana...

– Você não sabe o que é aturar sua irmã... Não sabe o que é segurar sua barra... Naquele dia, você parecia um garoto mimado, irresponsável... – retrucou Armando.

– E o que você fez?

– Naquele mesmo dia, bem perto dali, havia ocorrido um acidente com um táxi. O motorista ficou bem machucado. Perdeu o carro, que não tinha seguro.

– Repugnante, repugnante...

– Eu visitei esse motorista no hospital. Fiz um acordo com ele. Eu tenho meus contatos em outras áreas. Autoridades... Com alguns mimos, conseguimos livrar seu pai do escândalo... Ninguém foi prejudicado com isso.

– Sai daqui, Armando. Sai daqui, já! – ordenou Alfredo, enojado. – Como é que eu posso confiar em você de agora em diante?

As duas semanas seguintes foram de muitas reuniões na empresa. Para esquecer sua tragédia pessoal, Alfredo determinou-se a recuperar a confiança dos colaboradores. Visitou vários departamentos administrativos. Depois, resolveu ir às linhas de produção. Sentado no chão, discutia os mais diversos assuntos com os empregados, desde questões técnicas a questões no campo da gestão. Não era fácil... Ainda havia pontes por construir.

Recebeu vários projetos, como um de educação continuada para funcionários jovens, que lhe foi entregue por Júlia, numa tarde de sexta-feira. Alegrou-se ao ver que o plano, singelo, tinha sido elaborado por seu amigo *motoboy*, aquele que o levara para conhecer a periferia da cidade.

– Caramba, havia me esquecido desse garoto – disse para si mesmo, aborrecido. – Tem um sinal de comprometimento aqui...

A confiança restabelecida mudou aos poucos o cenário em várias unidades da corporação. Certa noite, por exemplo, por volta das 23 horas, Alfredo recebeu um telefonema do chefe geral da segurança da Oficina da Alegria.

– Desculpe, mas a dona Júlia me deixou esse telefone para o caso de alguma eventualidade – balbuciou o velho Mathias.

– Você ficou maluco? Tem tanta gente para você ligar...

– Bom, é que parece ser algo bem grave. E eu sei que o senhor mora aqui perto. Então... Estou ouvindo gritos lá dentro, vejo fachos de luz. Talvez tenha ocorrido um sequestro. Ninguém atende o telefone.

Irritado, Alfredo calçou os chinelos, pegou a caminhonete e foi ver do que se tratava. Quando chegou, realmente percebeu que algo estranho estava acontecendo. Atravessou o pátio até o galpão e, com o punho fechado, bateu no enorme portão de metal.

– Alllôôôôôô... Alguém aí, o que está ocorrendo?

Não obteve resposta.

Tentou mais uma vez, e nada. Voltou então até a picape, ligou-a e forçou o para-choque contra o portão. Pronto. Logo os cadeados se romperam.

Cerca de quarenta pessoas corriam para lá e para cá. Outras simulavam altercações. Um sujeito botava fogo em piras olímpicas.

– Altoooo lá! – gritou Alfredo. – O que está acontecendo? Que algazarra é essa?

– Dr. Alfredo, o senhor por aqui? – disse assustado um sujeito de avental branco, com os cabelos compridos e chamuscados.

– Quem é você?

– Ora, sou o Gasset, diretor de novos produtos – respondeu o rapaz, com um sorriso amarelo.

– Posso saber a que se deve essa bagunça aqui? Não há outro lugar para vocês promoverem orgias?

– Olha, me desculpe, o senhor está enganado.

– Depois da última reunião que tivemos aqui, o clima mudou muito. E levamos muito a sério a proposta de inovar o catálogo de produtos até o fim do próximo mês.

– E?

– Bom, a turma resolveu se reunir depois do expediente para um *brainstorm* criativo. Comemos pizzas no jantar e depois viemos para o galpão, para trabalhar no desenvolvimento de brinquedos, digamos, revolucionários.

– É sério isso?

– Sim, sim. Aquele pessoal está desenvolvendo um jogo de exercício de argumentação política participativa. Por isso, certa gritaria. Você tem de ser rápido ao pegar o cartão de argumentos e contrapor-se verbalmente ao adversário... É o jeito de pegar os corruptos de calças curtas.

– Mas precisa ser tão ruidoso assim?

– O pessoal se empolgou. Tem uma turma trabalhando com os novos estojos de química ecológica. Outros estão construindo um robô-*notebook* com aplicações meteorológicas que será capaz de medir a velocidade das mudanças climáticas. E as moças estão montando uma estação de *rock* virtual. Sabe como é... Tudo isso envolve algum ruído.

– Mas não podiam ter avisado o guarda-noturno?

– Nós avisamos – defendeu-se Gasset. – Mas ele saiu às 22 horas e deve ter se esquecido de avisar o Mathias.

– Tá bom... – disse Alfredo, suspirando. – Depois quero ver essas invencionices de vocês. Mandem bala.

Os portões se fecharam e os funcionários continuaram a trabalhar e brincar. No caminho para casa, Alfredo começou a rir sozinho, menos pela situação bizarra, e mais de felicidade. Tinha visto ali profissionais confiantes e, assim, comprometidos com a mudança, com a invenção e com uma nova atitude diante do trabalho.

O processo de renovação de ânimos teve uma equivalência no plano externo. Alfredo visitou vários clientes e ex-clientes e os convidou a visitar a Órion. Mostrou-lhes as mudanças na empresa e pediu um voto de confiança. Prometeu dedicação, prazo e qualidade. Assim, refez pontes de relacionamento e pôde ampliar os volumes de produção em vários segmentos do grupo.

Em algumas sextas-feiras, visitava pontos de venda do varejo. Em lojas de brinquedos, por exemplo, brincava com as crianças e colhia informações sobre possíveis aprimoramentos nos produtos. Dois meninos e uma menina se tornaram consultores da Oficina da Alegria em projetos de inovação.

Refletindo sobre sua experiência na empresa, que já durava quase um ano, Alfredo chegou à conclusão de que a consciência precisava ser calibrada regularmente. Por vezes, as coisas lhe pareciam claras, mas logo se enfiavam outra vez numa nuvem densa. Era preciso perscrutar a realidade o tempo todo, pois tudo era mutável, muito mutável.

De alguma forma, tinha de espantar seus fantasmas e acreditar na sua capacidade de realização. Precisava processar no cérebro, talvez na alma, o estado da realidade dinâmica. Precisava ser claro no que propunha e trabalhar para que toda a comunicação tivesse esse atributo. Tinha também de cumprir o que prometia, fazer valer a palavra.

Assim, repassava sua saga como em um filme. Lembrou-se de quão importante era a coerência, de como o exemplo era valioso, de que não podia criar fossas entre o discurso e a atitude. Pensou em como a empresa tinha resistido a tantas crises, por oitenta anos, mantendo valores e princípios. Percebeu que a consistência e a coragem construíam pontes de confiança entre as pessoas, fossem elas executivos graduados ou jardineiros. Por fim, orgulhou-se secretamente de despertar nos colaboradores, em todos os estratos hierárquicos, um novo senso de comprometimento. Concluiu que recusar o dinheiro fácil da indústria armamentista foi uma decisão correta.

Se o tema era valentia, no entanto, faltava-lhe algo. Desde as revelações sobre a morte de Carla, não visitara o pai no hospital. Tinha ele culpa ou não? Naquele momento, apertou a tecla do interfone e chamou Júlia. Meio sem jeito, perguntou-lhe:

– Olhe, eu peço sigilo sobre isso... Mas tenho confiança na senhora. Me diga: por que meu pai andava com essas moças?

– Do que está falando?

– Eu sei que você sabe de tudo, Júlia. A senhora sabe com quem meu pai estava naquela noite do acidente, não sabe?

– Sei...

– Aliás, quando soube?

– Há alguns dias, ouvindo coisas, ligando os fatos... Estou muito entristecida. Muito mesmo. Não sei o que dizer. Que ela fique em paz, com Deus... – disse com sinceridade e emoção, como numa prece.

– Por que ele estava fazendo essas coisas, Júlia?

– Seu pai andava estressado, cheio de problemas, pressionado. Não havia quem o ajudasse. Sentia-se sozinho. Sua irmã nunca teve talento para essas coisas. Você vivia sumido, desaparecia por dias...

Ele não tinha em quem se apoiar, não tinha em quem acreditar... Acho que por isso buscava compreensão em estranhos e estranhas...

– Então a culpa é minha? – indagou Alfredo, com um semblante de dor.

– A palavra não é culpa. Talvez a palavra seja ausência – respondeu Júlia.

Na semana seguinte, Alfredo recebeu uma mensagem enviada por uma importante corporação sediada em Santiago, no Chile. Soube que esses empresários haviam tratado antes com seu pai. Por questões ligadas à conjuntura financeira internacional, o negócio não vingara.

O contato seria retomado. A parceria possível envolvia um enorme projeto de eletrificação rural e outro de fornecimento de autopeças para caminhões. Ambos seriam desenvolvidos na China.

O almoço com os executivos ocorreu num bistrô discreto. Germán, que chefiava o grupo de visitantes, contou que havia se impressionado com a determinação de Genaro. Depois, confessou que havia acompanhado com preocupação a crise na Órion.

– Mas tenho de admitir que a crise foi enfrentada com inteligência e coragem. Sabemos que vocês rejeitaram o negócio com a fabricante de armamentos, o que nos pareceu muito nobre – afirmou o chileno, tocando o ombro de Alfredo.

– Vou ser claro com os senhores – disse Alfredo, colocando as mãos abertas sobre a mesa. – Não estamos em boa situação. Temos dívidas. Temos dúvidas.

Houve um silêncio no grupo.

– Acreditamos nisso – interveio Diego, um dos visitantes, especialista em finanças. – E é bom saber que existe franqueza da sua parte. Mas eu tenho de lhe dizer uma coisa. Quando eu tinha sete anos de idade, ganhei um jogo de futebol de botões. Eles fizeram a minha alegria durante anos. Nunca se quebraram. Hoje, estão com o meu filho, que se diverte com eles. Sabe de onde vieram?

– De onde? – perguntou Alfredo, curioso.

– Vieram da Oficina da Alegria, a empresa fundada por seu avô. Era tanto uma empresa quanto uma confraria de artistas – respondeu Diego.

– Nossa, eu nunca imaginaria e... – respondeu Alfredo, comovido.

– Sabe o que eu tenho a dizer? Muito obrigado! – emendou o diretor financeiro.

– Eu nem sei o que dizer...

– A Órion tem credibilidade. Talvez tenha tropeçado, o que é natural. Mas seus produtos continuam tendo qualidade – afirmou Germán. – E, então, vão entrar nessa com a gente? – indagou.

Alfredo pensou por um instante, encheu a boca do frio vinho branco, engoliu aos poucos e disparou:

– Vamos nessa! Vamos nessa! Não vamos fugir da raia. Vamos fazer benfeito esse negócio da China.

Sucedeu-se um alegre brinde.

O eclético Diego, que era amante das artes, lembrou do Decálogo do Artista, de sua compatriota Gabriela Mistral. E, sem constrangimento, repetiu o nono mandamento:

– A beleza não ser-te-á ópio de adormecer, senão vinho generoso que te acenda para a ação, pois, se deixas de ser homem ou mulher, deixarás de ser artista.

As notícias sobre o acordo com os chilenos logo se espalharam pelas unidades da Órion. O velho Chávez, o mago da industrialização de fios elétricos, solicitou uma audiência com o diretor-presidente. Recebeu um "sim", com saudações do chefe. Quando chegou à matriz, parecia ter remoçado uns dez anos. Vestia um terno pela primeira vez na vida.

– Sei tudo sobre isso. Fios, eletricidade. Ou quase tudo. Sou bom em resolver problemas e confesso: meu sonho de vida sempre foi visitar Pequim. Pensei que jamais fosse realizá-lo, mas agora parece existir uma chance.

– Sei que vai nos ajudar muito com sua experiência. O senhor precisa providenciar um passaporte... Estará no grupo que embarca no próximo mês para... Xangai. Mas, depois das reuniões iniciais, aproveite, tire uns dias de férias e visite Pequim. O senhor merece – disse Alfredo que, nesse momento, deteve-se para atender o telefone.

– Tem certeza? Certeza absoluta? Já estou indo! – prometeu. – Seu Chávez, preciso sair, é uma emergência, mas voltamos a conversar. Peça a Júlia que lhe providencie um táxi.

Alfredo dirigiu lépido pelas ruas. Ao chegar ao Mater Dei, deixou o carro diante da guarita do estacionamento. Em seguida, retornou e entregou as chaves e uma nota de 100 reais ao atônito guardinha.

– Encontre um lugar para o carro...

Depois de atravessar os corredores em velocidade, Alfredo entrou com cuidado e delicadeza no quarto do pai. Encontrou-o de olhos semiabertos, balbuciando algo para Letícia.

– O senhor acordou. Acordou! Acordou! – comemorou, esmurrando os metais da armação da cama. – Acordou!

– Tenha modos, rapaz. Tenha modos – repreendeu-o Letícia, que em seguida deixou o recinto.

- Me diga uma coisa, seu Genaro: as pessoas em coma ouvem ou não ouvem o que a gente está falando?

Genaro sorriu, mas preferiu se calar...

- Sabe, talvez eu tenha raiva de você pelo que aconteceu... Meus sentimentos estão confusos... Vamos ter muito o que conversar...

- Como está a Órion? - perguntou, com a voz pesada.

- Está tudo bem... Gostei dos seus amigos chilenos.

- Sabe, vou me aposentar - disse Genaro, com fisionomia séria. - Ficar menos tempo na empresa... Gerenciar um time de futebol para crianças e jovens da periferia da cidade. Posso até, quem sabe, bater uma bolinha com eles. Acho que agora ganhei um passe para fazer o que mais me agrada. Não tenho razão?

- Claro, pai, claro! Mas por enquanto sem jogar com a criançada, né? Sua perna esquerda teve umas treze fraturas... Está cheia de pinos.

- Então, é isso... - disse Genaro, ainda entorpecido pelos remédios. - Acho que vou dormir um pouco. Posso confiar em você?

- Agora, pode...

Alfredo costumava deixar cópias das chaves do apartamento no escritório, em uma das gavetas de Júlia. Se perdesse as suas, o que era comum, sabia a quem recorrer. Essas duplicatas foram surrupiadas certa manhã, numa rápida ausência da secretária. Horas depois, acabaram devolvidas, sem que ninguém se desse conta do ocorrido.

Naquele mesmo dia, o autor do golpe adquiriu de traficantes uma pistola Luger m90 e munição farta. E ainda teve tempo de passar por um magazine esportivo e comprar um par de luvas e uma máscara de esquiador. Estava tudo pronto para a vingança.

Três dias depois de conversar com o pai, Alfredo saiu do escritório e foi encontrar-se com Clay, num restaurante vietnamita. Discutiram até tarde sobre a excursão ao Everest. Fizeram contas, avaliaram datas, listaram equipamentos. Tudo parecia difícil, caro e complicado, mas sobrava ainda uma esperança.

Alfredo chegou tarde em casa, exaurido. Passou pelo guarda na portaria e notou que o sujeito cochilava. Já em casa, o cachorro lhe pareceu embarcado em sono pesado. "Não serve para nada", pensou. Abriu uma garrafa de vinho branco, frutado e fresquinho, e a levou para a varanda. Concentrou-se no sabor, valorizando cada gole, enquanto sonhava com o Himalaia e seu vento frio. Seria lá o paraíso?

– Procure ir sempre mais alto, Alfredinho. Sempre mais alto. E leve a sério os brinquedos... – disse para si mesmo, em voz baixa, lembrando o derradeiro conselho do avô.

Quarenta minutos depois, subiu as escadas do duplex e, na penumbra, despiu-se lentamente. Agora, pensava feliz na água quente da banheira. Quando deixava o quarto, no entanto, notou um volume estranho nas cortinas grossas que desciam quase retas da sanca até o carpete. Estancou, apreensivo. Em seguida, ouviu um gemido miudinho. Como sua curiosidade superava o medo, acendeu o abajur e resolveu encarar o invasor.

Num gesto rápido, puxou uma das peças de vinil. E, assim, encontrou o que lhe pareceu um ninja esbelto, acocorado junto à parede, com as mãos enluvadas sobre a face. Muito mais surpreso que receoso, Alfredo sentou-se na cama e passou a mirá-lo com atenção. Logo percebeu que a figura chorava compulsivamente.

– Quem é você? – indagou, com certa candura na voz.

– Não... Olha... Nã... – tartamudeou o indivíduo.

- Ah, mas você é uma mulher. Eu te conheço?

- Para, para, para - suplicou a anônima visitante, deixando cair do cinto uma pistola.

- Eeeee... Pra que isso? - exaltou-se Alfredo, erguendo as mãos e inclinando-se preventivamente para trás.

- Eu te odeio, por frustrar tantas expectativas - lamuriou-se a invasora. - Odeio do fundo do coração.

- Você não vai usar essa arma, vai? Não vai me matar, né? - perguntou Alfredo, tentando se aproximar para pegar a arma e afastá-la da invasora.

- Você bem que merecia... - respondeu baixinho a mulher.

- Mas você desistiu, né?

- Você frustrou muita gente - reclamou ela, aos prantos.

Sentindo o coração acelerado, mas percebendo que tinha o controle da situação, Alfredo propôs:

- Olha, vamos combinar uma coisa? Você vai embora da minha casa agora, bem quietinha, e eu não dou queixa à polícia. Que tal? Não é um bom acordo?

Permaneceram em silêncio por alguns instantes. Até que ela segurou o choro, levantou-se suspirando e procurou a porta de saída. Desconsolada, manteve-se em silêncio.

Vestindo apenas um roupão felpudo amarelo, Alfredo a seguiu até o portão do condomínio e a acompanhou com os olhos até perdê-la de vista.

A mulher desapareceu na noite. A cinco quadras dali, entrou em um carro e dirigiu até a beira do rio. Ali, atirou o molho de chaves, a pistola, a munição, as luvas e a máscara de esquiador.

Algumas semanas depois, Márcia deixou a Órion. O arrependimento a torturava. Além disso, temia que sua voz fosse reconhecida pelo presidente da empresa. Tornou-se governanta num asilo. Alfredo, entretanto, jamais associou aquela inusitada visita a qualquer assunto da Órion. Dessa forma, Mário Machado também se safou. O temido executivo aposentou-se naquele ano e foi morar na Sicília, sul da Itália.

Júlia manteve seu cargo de secretária. No ano seguinte, porém, em parceria com sua antiga colega Natália Martín Vásquez, ajudou a elaborar um ousado plano de cogestão responsável e sustentabilidade na Oficina da Alegria. Com ampla participação e comprometimento dos trabalhadores, o projeto alcançou pleno êxito e a empresa se tornou um modelo internacional no segmento.

Genaro recuperou-se lentamente. Passou a trabalhar na Órion somente às segundas e terças-feiras. Nos outros dias, frequentava a escola de futebol que criou em benefício das crianças carentes. Dois anos depois do acidente, disputou um jogo festivo com os garotos. Marcou um gol. Saiu aplaudido de campo, aos cinco minutos do segundo tempo.

O velho Chávez conheceu uma viúva, em Pequim. Casou-se com ela. Conversam por gestos e aparentemente se entendem muito bem. O fiel funcionário continua trabalhando na China. Costuma repetir uma frase de Lao-tsé: “Aquele que não tem confiança nos outros, não lhes pode ganhar a confiança”.

Alfredo serve à Órion todos os dias, mas nem sempre cumpre longas jornadas. Tira férias duas vezes por ano. Costuma viajar com Clay para encarar os grandes desafios do montanhismo. Ainda não visitou os pais de Carla para esclarecer o ocorrido, o que o perturba tremendamente. Também não escalou o Everest. Mas passeia todas as manhãs com o cachorro Balão. Aos poucos, estão criando laços de confiança. Já são quase amigos.

Na manhã do sábado, Leila e Gasalla foram encontrar-se com Nelson num recanto chamado Pedra Grande, o cume de uma montanha na floresta que margeava a área norte da cidade. Dali, era possível avistar toda a gigantesca aglomeração urbana, dos bairros horizontais e nobres até a enorme muralha cinza de arranha-céus da região central.

Conforme combinado, levaram comes e bebes para um piquenique sobre a laje que se erguia quase na linha das nuvens. Colocaram a toalha xadrez e, sobre ela, sanduíches de queijo e peru, torta de palmito, coxinhas de frango, bolo de cenoura e chocolate e um bom vinho italiano, um legítimo Brunello de Montalcino.

Nelson chegou com a namorada, a delicada e bela Mistu. Depois dos cumprimentos, o escritor sentou-se e contemplou o horizonte. Tinha no semblante a paz do dever cumprido. Conseguira contar uma história longa e complexa. E tecera a trama como se fosse um romance, e não um documento organizacional.

Gasalla e Leila viram na história um ótimo *case* para a escola de negócios que administravam desde o mês anterior. O material serviria para a construção de um excelente módulo educativo, dedicado sobretudo à gestão de empresas familiares.

Nelson, entretanto, queria ouvir os comentários sobre o último capítulo. E, assim, provocou os amigos.

– E aí, surpresos com o desfecho?

Enquanto observava com uma luneta a serra do outro lado do vale, Gasalla fez uma referência ao atormentado Mário.

– Ele não confiava nem mesmo naquela moça que compartilhava de seu desejo de vingança. Nem para a sabotagem ele foi capaz de estabelecer uma parceria decente. E era assim o seu jeito de gerir: um pragmatismo descompromissado, duro, focado na vantagem material imediata. O exemplo do peixe que tinha em casa é interessante. Simbolicamente, ele não confiava nem mesmo no pobre Calado, que estava confinado no aquário.

– Esse vilão teve uma origem difícil – observou Leila – e não soube se curar dos traumas. De alguma forma, ele se sentia um segundo permanente, um coadjuvante, um adotado. Ele era e não era da família. E nunca se libertou do sentimento de inveja. Provavelmente, não confiava em si mesmo. Por isso, era incapaz de confiar nos outros e de estabelecer laços de cooperação. Mário optou pelo individualismo porque sozinho se considerava mais seguro.

– Eu o conheci. Tinha um jeito de mafioso – relatou Nelson. – Era o tipo que precisava intimidar para ser respeitado. Não sei ainda se era um mau-caráter ou um sem caráter.

– O caso dele se explica pela história de vida, mas há gente que superou situações piores e pôde viver de modo fraterno, cooperando com os semelhantes. Talvez a ausência do afeto tenha marcado de maneira indelével esse coração fraco – relativizou Gasalla.

– Nessa trama, porém, há outros exemplos de procedimentos condenáveis que chamam a atenção – advertiu Leila, depois de provar a torta de palmito. – Armando, por exemplo, forjou uma situação para livrar a imagem da família. Julgava estar fazendo a coisa certa. Tinha em mente uma ideia muito particular de lealdade e eficiência. Acabou se danando porque o destino quis lhe pregar uma peça.

– A verdade é que Armando parece ter sido sempre tratado como uma personagem marginal na alta cúpula da empresa, talvez por ser um agregado da família – lembrou Gasalla. – É possível que houvesse certo preconceito contra ele. Não sei... A relação de Alfredo e Armando, logo após o acidente com Genaro, mostra que não interagiam de forma harmoniosa. Acredito também que esse assessor de comunicação não absorveu adequadamente a cultura da companhia e não soube reproduzi-la no ambiente externo. Culpa de quem o contratou e não se preocupou em formá-lo adequadamente para o cargo. Aqui vale o pensamento de Benjamin Franklin: "Diga-me e eu esqueço, ensina-me e eu recordo; envolva-me e eu aprendo".

– Você tem visto esse descompasso educativo com frequência, professor? – perguntou Nelson.

– Por participar do conselho de várias empresas, de diferentes setores, acabo tendo uma visão do alto, mas também de dentro do mundo empresarial. E noto, sim, esses desvios, essa tendência à desarmonia por conta de formação inadequada. O mais preocupante é que essas distorções acabam por produzir impactos fora da organização, na sociedade.

– Armando fazia o que pessoalmente achava correto – opinou Leila. – Ele ia se virando como podia, tentando compatibilizar seu idealismo meio juvenil com as complicadas exigências de uma empresa em crise. A verdade é que ele não teve tempo de montar um plano de contingência.

– Armando pecou também por não acreditar na força da marca Órion – disse Nelson. – Ele logo imaginou os arranhões na imagem da empresa. Assim, excluiu os preceitos éticos de sua pauta e elegeu como prioridade o trabalho de proteger reputações. Julgava ser essa sua missão.

– Mas agiu de forma criminosa, na verdade – observou Gasalla. – Ética não se negocia. O que ele fez não tem perdão. Inventar que a moça tinha morrido no acidente de táxi foi algo lamentável. E essas decisões pessoais foram motivadas por uma obrigação que ele julgava ter com a empresa. É um caso de polícia, na verdade.

– Mas tem algo de bom nesse desfecho que é a disposição de Alfredo para recuperar a confiança dos colaboradores. Ele vai até eles, conversa, ouve críticas e discute os mais diversos assuntos – lembrou Leila.

– Concordo com você – manifestou-se Mistu, que nesse momento tratava de passar filtro solar no pescoço do namorado. – Aliás, se eu fosse você, mandaria um exemplar do seu *A vida não precisa ser tão complicada* para todo esse povo da Órion.

– Boa ideia – concordou Gasalla.

– Eu creio que estão presentes aí todos esses conceitos que vocês andam estudando – arriscou Nelson. – Nosso Alfredo, depois de tantos sofrimentos e fracassos, desenvolve um novo padrão cognitivo. Ele passa a entender melhor seu lugar no mundo e também a sua relação com os outros. Percebe a importância da clareza da mensagem. Descobre que precisa cumprir as promessas feitas. Convence-se de que é fundamental a coerência entre discurso e atitude. Reflete sobre a importância de manter, ao longo do tempo, a fidelidade aos valores e princípios. E, por fim, completa seu rito de passagem ao rejeitar corajosamente o contrato com a indústria armamentista.

– Importante ver aqui que ele também esteve por arruinar toda credibilidade da empresa, construída a duras penas, em quase oitenta anos de trabalho – frisou Gasalla. – A confiança gera fluidez e reações. Se há confiança, logo haverá integração. Quando se perde a confiança, porém, a desintegração é muito rápida. É um metavalor, algo que se constrói sobre a instabilidade.

– Ora, você é sempre muito rigoroso com Alfredo – objetou Leila. – Ele fez do erro um professor e teve humildade para reconhecer suas falhas. Considero-o um convertido. A maior prova disso é quando ele analisa holisticamente a questão de Chávez. Ele julga com a cabeça, certificando-se de que o velho empregado é competente e útil àquela missão. Mas decide também com o coração, oferecendo ao colaborador um prêmio merecido pela dedicação e esforço.

– Longe de mim querer detratar o Alfredo – explicou-se Gasalla. – Na verdade, o fato de ter cometido erros graves acaba por destacar algumas de suas virtudes. Ele faz seu ato de contrição, corrige-se e dá a volta por cima. Ele retrabalhou a imagem da empresa perante a credores, fornecedores, parceiros, clientes diretos e consumidores, algo que poucos fazem.

– O que mais me impressionou foi a capacidade de perdoar o pai – revelou Nelson.

– Bem lembrado – disse Leila –, mordendo os lábios. Ele tinha ali um bom argumento para dar o fora, para nunca mais falar com o Genaro e para se alienar para sempre. No entanto, preferiu colar os caquinhos da relação fraturada. Foi um ato muito nobre.

– Mas fica aqui a minha dúvida: como vocês vão utilizar isso na escola de negócios? – indagou Nelson.

– Em se tratando de uma organização familiar, creio que construímos aqui um caso composto por cinco etapas bem distintas e bem esclarecedoras sobre o tema – sentenciou Gasalla, com o rigor de um cientista. – Temos primeiro a mudança de cenário não planejada. Depois o desafio. Em seguida, a crise. Em quarto lugar, surgem ajuste e adaptação. Por fim, vem o resultado.

– Nossa, mas está muito conceitual – reclamou Nelson.

– É porque fui sintético demais – desculpou-se Gasalla, coçando a barba. – Tudo começa com o acidente de Genaro e a alteração forçada no comando da empresa. Na sequência, Alfredo precisa se virar para superar as dificuldades vividas naquele momento. Ele acerta e se equivoca. E, em determinado momento, erra muito, gerando uma gravíssima crise de confiança no âmbito da organização...

– Isso especialmente quando tenta ser o grande líder regulador e controlador – interveio Leila.

– Sim, esse é o momento crítico da escalada de Alfredo – diz Gasalla. – Ele pode rolar morro abaixo e levar um monte de gente com ele.

– Genial a comparação... – comentou Mistu, baixinho, de forma quase inaudível.

– Aí, temos a fase de ajuste, que é fundamental e nos servirá como perfeita ilustração educativa. Quando nada mais o sustenta, quando parece que os pinos vão se soltar da rocha, ele recorre ao mais eficiente dos esteios...

– Qual? – perguntou Nelson.

– Os valores, os bons valores – respondeu Gasalla. – O voto de minerva na questão do acordo com a indústria de armas é o momento crucial dessa saga. Cada corporação tem uma alma, e a Órion não podia rejeitá-la por conta de uma necessidade imediata. Se havia uma solução do ponto de vista administrativo, financeiro, técnico, ela precisava contemplar o *ethos* da empresa.

– O que aconteceria se o tivessem ignorado, Gasalla? – indagou Nelson.

– Difícil cravar uma resposta – disse o acadêmico. – Mas muitas empresas que seguem esse caminho acabam apenas por tornar mais lento o movimento na espiral da decadência. Pessoalmente, creio que muita gente na companhia sentiria, mesmo que inconscientemente, culpa por contribuir para a indústria da guerra. Isso teria grande impacto numa corporação cuja cultura original centrava-se na felicidade e na alegria. Certamente, eles ganhariam dinheiro a curto prazo, mas duvido de que essa mudança na missão pudesse garantir um futuro de êxito para a organização.

– Então, Gasalla, você concorda que o Alfredo é o grande herói da trama – disse Leila, provocando o amigo.

– Vocês, mulheres, é que gostam de eleger heróis – brincou Gasalla. – Eu creio que havia muita gente à volta de Alfredo que privilegiava os valores. Era o caso de Júlia, Natália e do próprio Armando. Ele percebeu que não adiantaria criar uma nova linha de negócios e modernizar os métodos de gestão se os valores da empresa estivessem degradados.

– Vamos pensar no alpinista novamente. Para Alfredo, subverter os valores da empresa equivaleria a substituir a qualidade da parede de pedra durante a escalada. Para mim, seria como trocar o granito duro pela rocha calcária mole. No segundo caso, é mais fácil cravar os pinos de sustentação, mas também é maior a probabilidade de que a base de apoio se desfaça numa nuvem de poeira. E, aí, é tombo na certa... – disse Nelson.

– É uma boa metáfora – concordou Leila.

– Então, a realidade mostra que o nosso modelo faz sentido – prosseguiu Gasalla. – A partir daí, Alfredo procura conversar com as pessoas de maneira franca e aberta. Ouve e é ouvido. Ele tem a seu favor a credibilidade recuperada. Está escorado em valores. E é justamente isso que chama a atenção dos clientes chilenos. Para um negócio de risco, na China, eles precisam de parceiros confiáveis. Então, mais do que máquinas, *know-how* e suporte financeiro, eles valorizam o patrimônio ético e moral da Órion.

– De fato... Pensando no *brand image* da empresa, a rejeição ao mercado armamentista e o comprometimento dos colaboradores foram fundamentais ao estabelecimento do acordo com os chilenos – disse Leila. – E nessa o Alfredo acertou em cheio.

– Sem dúvida, sem dúvida – afirmou Nelson. – Contudo, é preciso ver que o Universo todo conspirou para lhe ministrar boas aulas. Ele viveu situações de aprendizado fundamentais fora da empresa, como na viagem com Clay. Então, tem isso também... A vida é uma experiência integral. Não dá para separar o pessoal do profissional.

– Perfeito – assinalou Gasalla, que não desgrudava os olhos da magnífica paisagem. – É o caso da Júlia e da Natália. Eu tinha ouvido falar desse projeto tocado por elas, mas ainda não sabia dos detalhes. Elas, de certa forma, atualizaram alguns daqueles conceitos que pregavam na década de 1960, mas agora sem "porralouquice", e com base num projeto sério de cogestão. A tendência é essa. Quando um modelo de gestão por confiança alcança o grau de evolução muito elevado, o poder se espalha pela organização. Primeiro, há uma delegação. Depois, as próprias pessoas começam a assumir responsabilidades, ao perceberem as necessidades da empresa. Nesse sistema, todos acabam sendo voluntários. Cada um reconhece seus talentos e se oferece para as tarefas que se apresentam. Não se trata de utopia. Há companhias em muitos países que adotam com sucesso esse modelo de gestão compartilhada.

– Mas o que marca essas empresas? – perguntou Nelson.

– Quando se cria um ambiente de confiança – respondeu Gasalla –, é possível ganhar o comprometimento dos funcionários. Eles se sentem protagonistas da empresa. Psicologicamente, tornam-se donos dela, como a turma dos inventores de brinquedos. Quando isso ocorre, as pessoas vão além do dever. O significado do trabalho muda. As pessoas já não trabalham para os outros, mas para si mesmas.

– Olha, eu tenho uma dúvida. Como fica a questão dos otimistas e dos pessimistas? Como compatibilizar esses gênios no corpo de colaboradores? – perguntou Nelson.

– Na verdade, sempre será uma tarefa árdua para os líderes – admitiu Gasalla. – Uma pessoa é muito diferente da outra. Numa mesma seção, podemos ter o mais dedicado aliado e o mais perverso sabotador. São questões ligadas ao caráter e à disposição do espírito. Rosabeth Moss Kanter, por exemplo, costuma tratar do perfil de pessimistas e otimistas nas questões associadas ao desenvolvimento corporativo.

– E como ela define cada um dos grupos? – quis saber o escritor.

– Bem, ela afirma que os pessimistas percebem os problemas como derivados de causas estáveis e universais, razão pela qual são menos suscetíveis a ações corretivas – explicou Gasalla. – Já os otimistas percebem os obstáculos como temporais e resultantes de fatores específicos. Dessa forma, creem que podem agir pontualmente para melhorar as coisas.

– Caramba, mas essa é justamente a diferença de atitude que pode levar uma empresa a ser líder de mercado ou baixar as portas – concluiu Nelson, admirado.

– Sim, você tem razão – concordou Leila. – Nessa obra, Rosabeth lembra: "Se as pessoas pensam que nada há a fazer, então para que se esforçar?" Esses indivíduos acabam adotando uma postura de passividade, acreditando que não podem alterar uma pretensa lei maior. Nesse sentido, são puramente deterministas.

– Que horror! – protestou Nelson.

– Legal, mas acho que estamos nos adiantando na teoria – disse Leila. – Vamos falar do Genaro. Soube que ele anda mesmo tocando uma escola-clube para jovens na periferia. Ainda que tardiamente, ele recuperou sua trilha. Esse gol que marcou no jogo deve ter sido muito importante para ele. É interessante ver que a idade não impede ninguém de realizar seus sonhos. O velho Chávez, por exemplo, confia em sorrisos e gestos para estabelecer uma relação com uma mulher que nem fala seu idioma, mas que ele entende pelo coração.

– De fato, acho que a vida é um processo – observou Nelson, terminando a frase num suspiro. – Nada está acabado, nunca. Tudo está em versão beta, como os sites em fase de testes. Alfredo continua o seu processo de aprendizado. Ele, por exemplo, ainda não escalou o Everest nem encarou a família de Carla, mas está refletindo sobre o assunto, preparando-se para desatar esses nós. Eu o tenho visto e sei que sua vida tem sido mais equilibrada. E não duvido de que esteja constituindo uma relação de amizade e confiança com o cachorro Balão.

Leila provou o bolo de cenoura e chocolate feito por Mistu e não economizou nos elogios. Em seguida, sintetizou suas impressões sobre a saga empresarial dos Vásquez:

– Eu sempre falei de automotivação, felicidade e sucesso, mas somente há poucos anos percebi que a confiança tem tudo a ver com esses conceitos. A história da Órion prova isso. Afinal, o que é uma pessoa automotivada? É aquela que construiu o autoconhecimento, que sabe quais são seus talentos e os utiliza para cumprir seus propósitos de vida e realizar seus sonhos. Mas nada disso é possível se ela não confia em si mesma. A pessoa automotivada tem uma força interna que a leva a superar obstáculos, mas isso não a torna infalível.

– Ué, mas e aí? – interveio Nelson.

– A pessoa automotivada também erra – explicou Leila. – Ela está sujeita a experimentar crises, perdas e fracassos, como qualquer outra. Mas sabe como seguir em frente. É aí que entra a importância da confiança.

– Nisso você é especialista – disse Gasalla, reabastecendo sua taça de vinho.

– O indivíduo precisa crer em si mesmo, nos que o rodeiam, nas forças do Universo – pontificou Leila. – Somente assim aprende com os percalços e se certifica de que pode alterar a realidade e alcançar a felicidade. Vale dizer, mais uma vez, que o aprender e o acertar fortalecem a autoconfiança. Com isso, a pessoa tende a ousar mais e enfrentar com coragem os desafios. É um círculo virtuoso formidável.

– E existe um modelo de atitude para exercitar essa disposição? – perguntou Nelson.

– Sim, de certa forma, existe – confirmou Leila. – Anthony Robbins escreveu que é preciso experimentar constantemente a confiança. Isso quer dizer que, se você já fez alguma coisa bem-sucedida, pode fazer de novo. Ele diz que se vivermos num estado de alegria e de expectativa positiva – algo que possa ser percebido pelas pessoas ao redor – seremos capazes de enfrentar qualquer desafio que apareça.

– Isso quer dizer que a pessoa automotivada precisa compartilhar esse estado de espírito, não é? – perguntou Nelson.

– Não tenha dúvida – respondeu Leila. – Para muitas coisas, ela precisará de colaboração, e aí se faz importante a confiança no outro. Para ter sucesso e felicidade, a pessoa automotivada precisará confiar em alguém ou num grupo. E muito! Somos, ao mesmo tempo, seres autodependentes e interdependentes.

– Mas não é tão fácil assim adquirir confiança, especialmente quando trazemos traumas de infância... Veja o caso do Mário... – recordou Nelson, franzindo os lábios, num semblante de dúvida.

– É um exercício cotidiano – explicou Leila. – Primeiro, você precisa identificar seus talentos e competências, assim como suas fragilidades. Depois desse estudo do eu, terá de estabelecer suas metas, saber até onde quer e precisa ir. Então, é fundamental confiar no seu taco, sempre analisando os cenários e os desafios. A confiança não é cega. É lúcida. Ela não se desenvolve com base nas aparências nem se escora nos preconceitos. A pessoa que confia vai aprendendo, aos poucos, a avaliar sua própria essência e a dos outros também.

– Poxa, Gasalla, você está quieto aí... – provocou Nelson.

– Estava pensando sobre tudo isso e ouvindo os valiosos ensinamentos da Leila. Acho que há bons sinais de transformação por aí, principalmente depois de conhecer mais a fundo a história dos Vásquez. Costumo comparar o que acontece numa empresa com o que ocorre numa família. O nosso caso aqui mostrou, por exemplo, que o relacionamento entre pais e filhos ficou mais próximo.

– Mais aberto? – perguntou Nelson, que agora tinha as costas massageadas pela namorada.

– Veja que Manolo, de certa forma, direcionou Genaro para a atividade na empresa – afirmou Gasalla. – Não lhe deu espaço para uma escolha pessoal. No caso de Alfredo, há conflito e tensão, mas ele e o pai estão encontrando um meio-termo, uma maneira de compatibilizar o desejo e as obrigações. Esse diálogo começa a existir também entre chefes e colaboradores, ainda que em menor grau devido à eterna luta pelo poder que as pessoas travam no ambiente corporativo.

– Mas são grandes os desafios pela frente, não são? – indagou o escritor.

– Como são... – respondeu Gasalla, mordendo o lábio inferior. – Por vezes, acordo pela manhã e acho que enlouqueci: “Professor

José María, ninguém dá a mínima para essa sua história de confiança". Mas há outros dias em que me animo novamente, porque vejo que é possível criar uma cultura de solidariedade, comprometimento e confiança, que aos poucos pode se disseminar e se instalar nos grandes grupos.

– Você é um sonhador, no bom sentido – brincou Leila. – Mas você não está sozinho nessa. Existem outros utópicos como você, que insistem em acreditar num modelo sustentado pela confiança. É o caso de Fukuyama, Moss Kanter, Covey, Zanini, Luhmann...

– O mundo atual é muito competitivo, muito selvagem, e a regra é puxar o tapete do outro – lamentou Gasalla. – As pessoas buscam o sucesso a qualquer custo, e isso tem um efeito colateral: doenças no ambiente de trabalho, famílias desintegradas, exclusão social, criminalidade, caos urbano e uma escalada sem precedentes de agressões ao meio ambiente. As pessoas agem como se não houvesse uma próxima geração. Há uma disputa feroz, um vale-tudo, e muitas empresas incentivam esse tipo de comportamento. É preciso gerar sustentabilidade nas relações pessoais e no desenvolvimento das atividades econômicas. Precisamos constituir corporações que sejam autênticos espaços de confiança, nos quais os trabalhadores possam ser vistos como gente, e não meros "recursos humanos". Quando isso ocorrer, aí sim teremos empresas humanistas, feitas por pessoas e para pessoas.

– Mas isso é possível no cenário atual, em que a maior parte dos executivos está preocupada somente com o lucro? – duvidou Nelson.

– Claro que sim – disse Gasalla, resoluto, enquanto desferia um tapa fatal no pernilongo que atacava seu pescoço. – Basta não nos rendermos à primeira oferta cafajeste. É preciso sobretudo resistir. Foi o caso da Órion. Podiam estar produzindo as tais peças para armas, mas preferiram trabalhar mais, buscar outros nichos de mercado e manter os valores do velho Manolo. Nosso modelo econômico está produzindo profundas desigualdades e danos ao planeta. Em algum momento, essa ordem irá ruir, e a confiança pode ser o caminho para um resgate das coisas mais simples, do básico.

– E qual é o básico? – perguntou Nelson, agora ele massageando os ombros da namorada.

– O básico, amigão, é conseguir estabelecer confiança entre os seres humanos. As coisas irão mudar quando confiarmos uns nos outros. Eu insisto neste ponto: pode ser uma utopia, mas precisamos de utopias. Talvez a gente não realize esse sonho por completo, mas quem sabe uma parte, o que já está valendo. Se queremos produzir uma mudança real nas organizações, precisamos começá-la dentro de nós, modificando nossas atitudes – sentenciou o professor.

– Agora o Gasalla foi também poeta. E sem essa ternura a gente não muda nada. Toda rebelião precisa de um pouco de arte – disse Leila, mirando o horizonte, agora estriado de nuvens alaranjadas.

– Ora, mas isso não é uma loucura irrealizável – prosseguiu Gasalla, agora empolgado. – Eu falei de exemplos e vou citar nominalmente um deles. É o caso da Corporação Cooperativa Mondragon, um grupo que surgiu em 1956, no País Basco, na Espanha. Bom, hoje ele congrega uma centena de empresas, está presente em 25 países e emprega cerca de 100 mil pessoas. É um sucesso. Pesquisadores de todas as partes do mundo estudam o funcionamento do grupo.

– Mas por que sabemos tão pouco sobre o Mondragon? – perguntou Nelson.

– Há interesses políticos aí – explicou Gasalla. – Esse é um modelo totalmente distinto do vigente. Não sei se existe interesse em propagandeá-lo. Esse grupo é multissetorial: fabrica de caminhões e eletrodomésticos a componentes e máquinas industriais. Tem bancos e empresas de distribuição. As possibilidades de sinergia entre suas diversas cooperativas são aproveitadas ao máximo. Umas trabalham para as outras. As instituições financeiras, por exemplo, garantem os investimentos das indústrias, que têm seus produtos entregues pelas distribuidoras.

– É mais ou menos isso que Júlia e Natália andam pregando... – lembrou Nelson.

– Essa Júlia é o máximo – interrompeu Leila. – É das minhas...

– Então, elas certamente analisaram o exemplo da Mondragon – deduziu Gasalla. – Cooperação, participação, inovação e responsabilidade social são os valores fundamentais do grupo. E um dos principais objetivos é gerar postos de trabalho. Se uma das cooperativas não tem sucesso, seus integrantes são deslocados para as coirmãs. Ali existe um forte espírito de corpo, com laços de fidelidade e confiança entre as pessoas. A Mondragon é uma organização que se baseia na solidariedade interna, e não é raro encontrar famílias inteiras que trabalham lá.

– Nesses casos, existe outra dinâmica interna – destacou Leila, que começara a estudar a história do grupo. – Os integrantes são sócios, quando se manifestam e votam nas assembleias, mas no dia a dia funcionam como trabalhadores, devotados a suas funções específicas. É interessante ver que os presidentes das cooperativas são eleitos pelos associados. Ainda que tenham grandes responsabilidades, são vistos como colegas pelos demais e atuam nessas funções diretivas por um período determinado. Como tudo é decidido por consenso, algumas decisões podem ser mais lentas, o que não impede a empresa de ser competitiva, de investir em inovação tecnológica e de promover a educação permanente dos trabalhadores.

– Mas tem um porém nesse pensamento reformador – advertiu Gasalla. – Vale a lição do professor Paulo Freire, um dos maiores educadores de todos os tempos. O novo não pode ser acolhido somente porque é novo, tampouco pode ser negado por conta de um critério cronológico. Conforme ensinava esse sábio brasileiro, continua novo o velho que preserva sua validade, que encarna uma tradição e marca sua presença no tempo.

– Mas a que ele se refere exatamente? – quis saber Nelson, um pouco confuso.

– Ele fala de um novo realmente revolucionário no sentido do "pensar certo" – explicou Gasalla. – Esse jeito de raciocinar não prega uma "verdade absoluta". Ao contrário, é tolerante, solidário e rejeita qualquer tipo de discriminação. Quem pensa desse jeito sempre novo, sempre vivo, recusa qualquer prática preconceituosa de raça, de classe, de gênero, porque essa conduta ofende o ser humano e nega radicalmente a democracia.

– Pelo que sei, o modelo de Paulo Freire enfatiza a construção de autonomias – lembrou Nelson.

– Sim, a autonomia dos que se fazem livres para aprender sempre, mas não o egoísmo – concordou Gasalla. – Ele tratava de uma autonomia de saber, respeito e solidariedade, em que o aprender estava associado a uma disposição para trocas sociais contínuas e justas. Segundo Freire, a educação serve para despertar talentos, mas sobretudo para fortalecer vínculos e construir elos cooperativos entre as pessoas.

– Muito bom... Sabendo disso, vou me candidatar a um emprego no setor de comunicação da empresa de Júlia e Natália – anunciou Nelson, rindo.

O sol já começava a descer atrás da serra. Eram o último grupo no platô. Ficaram um minuto em silêncio, saboreando as ideias, observando o mundo lá embaixo e projetando um futuro de mais harmonia e felicidade. De repente, uma canção lhes tocou os ouvidos. A fonte? O aparelho de som trazido por Mistu. Era uma voz feminina... Gasalla, intrigado, perguntou do que se tratava...

– Ah, desculpem, querem que eu desligue? – disse a moça, educadíssima.

– Não, amiga, respondeu Gasalla... – Só queremos saber o que estamos ouvindo.

– A intérprete é Ayumi Hamasaki... A canção se chama *Trust*... Quer dizer...

– Confiança! – disseram os outros três, em uníssono.

Posfácio

Tanto os que contemplam o céu do outono, na Espanha de Gasalla, como os que contemplam o céu da primavera, no Brasil de Leila, conhecem *As Três Marias*.

Alinhadas, elas brilham no centro de uma grande constelação trapezoidal, Órion, apontando Sirius, a mais brilhante, perguntando-nos sobre as dimensões do Universo, suas relações com a consciência, com a finitude ou infinitude da vida, e com todas as questões que a envolvem, inclusive o mais contemporâneo dos temas socioculturais: *o papel das lideranças empresariais na construção social.*

A cultura corporativa contemporânea encontra-se numa crise cuja síntese pode ser expressa em poucas palavras de alta complexidade resolutiva. Hoje, a sociedade espera das empresas que elas reformulem os valores socioculturais a partir de valores político-econômicos e laboriais.

Tendo conhecido ainda criança Órion, a constelação, neste livro vim a conhecer Órion, o empreendimento.

Estudando sua história, Nelson, o escritor, pesquisa e narra os fatos passados, e Gasalla e Leila apropriam-se deles para fins futuros. Sua mensagem essencial aponta uma consciência tão brilhante quanto Sirius: Confiança, o diferencial do Líder. Ao que me permito completar: *Quem confiar, construirá futuros.*

Trata-se do mais antigo enigma da filosofia da história: será que o encadeamento que atribuímos aos fatos passados, portanto *a posteriori,* tem o poder de nos ensinar a encadear os fatos futuros, *a priori?*

A pergunta é capaz de dividir os humanos em otimistas e pessimistas, confiantes e derrotistas, corajosos e hesitantes, chegando a desafiar-nos à complexa tarefa de sintetizar opostos, gerando inovações reais.

Conheci Gasalla num evento internacional de esforços humanos por humanidade; já conhecia Leila de suas estimulantes e provocativas palestras. Num criativo jogo de três elementos essenciais – as narrativas históricas, os diálogos e comentários críticos e as sínteses capazes de traduzir conceitos em condutas –, Gasalla e Leila – reais virtuais –, e Nelson – virtual real –, habilmente condensam nesta obra os principais problemas corporativos contemporâneos, oferecendo-nos, em metáforas felizes, a luz de Três Marias: *percepção, meditação* e *caminhos*. Vejamos cada uma delas.

Da luz da primeira Maria, *Mintaka*, recebemos as reflexões sobre a consciência, incluindo a possibilidade da insconsciência.

– Mas o nosso Genaro é um ser difícil de classificar – sentenciou o professor – Ele julga ser o grande timoneiro da empresa, mas tem medo, por exemplo, de perenizar relações de afeto. Vejam lá que ele prefere as companhias de ocasião. [...]

– Na empresa, ele tende a ser autocrático. Na vida afetiva, tende a não assumir responsabilidades – adendou Nelson.

– De certa forma, ele se esquiva do "outro" – disse Leila. [...]

– Mas será que o Genaro tem noção disso? – arguiu Nelson.

– Não sei se ele tem consciência de seus modos – respondeu Gasalla. [...]

[...] – Mas é bom deixar claro que a consciência não se resume no saber de si. A consciência, especialmente numa empresa, tem muito a ver com o saber sobre os outros. [Gasalla]

Da luz da segunda Maria, *Al Nilan*, a pena de Nelson desenha as alegrias e as penas com que Gasalla e Leila tecem suas reflexões:

Numa manhã quente, em janeiro de 1924, Manolo Martín Vásquez desembarcou no Brasil depois de uma longa viagem de navio. Carregava na bagagem duas camisas, duas calças, duas ceroulas, dois pares de meia, um relógio suíço quebrado e um pequeno boneco de madeira e pano, presente do pai no Natal de 1910. Trazia US$ 48,25 no bolso esquerdo do colete surrado e estava acompanhado de Tereza, sua esposa, com quem se casara um mês antes de embarcar para o Brasil.

[...] Assim começou a Oficina da Alegria. Essa foi a origem da poderosa Órion. [...] O lema da empresa era: "Ganhe dinheiro, mas honestamente, sempre fazendo uma criança feliz".

– Olha, eu tenho uma dúvida. Como fica a questão dos otimistas e dos pessimistas?[...] – perguntou Nelson.

– Na verdade, sempre será uma tarefa árdua para os líderes – admitiu Gasalla. – [...] Rosabeth Moss Kanter, por exemplo, costuma tratar do perfil de pessimistas e otimistas nas questões associadas ao desenvolvimento corporativo.

– [...] Já os otimistas percebem os obstáculos como temporais e resultantes de fatores específicos. Dessa forma, creem que podem agir pontualmente para melhorar as coisas.

Finalmente, a luz da terceira Maria, *Almitak*, convida-nos a refletir sobre posicionamentos, papéis e significados:

– Você [Gasalla] é um sonhador, no bom sentido – brincou Leila. – Mas você não está sozinho nessa. Existem outros utópicos como você, que insistem em acreditar num modelo sustentado pela confiança. É o caso de Fukuyama, Moss Kanter, Covey, Zanini, Luhmann...

– O mundo atual é muito competitivo, muito selvagem, e a regra é puxar o tapete do outro – lamentou Gasalla. – As pessoas buscam o sucesso a qualquer custo, e isso tem um efeito colateral: doenças no ambiente de trabalho, famílias desintegradas, exclusão social, criminalidade, caos urbano e uma escalada sem precedentes de agressões ao meio ambiente. As pessoas agem como se não houvesse uma próxima geração.

Assim, é com tais *Consciências* estimulando *Condutas*, aqui expressas em *Capítulos* nos quais a letra *C* justifica sua presença inaugural em palavras como *Capitalismo, Convívio, Conveniência, Construção, Conselhos, Cooperação, Cronologia* e *Complexidade*, entre muitas outras associações possíveis, que podemos cogitar porque As Três Marias, no centro de Órion, alinham-se apontando Sirius, no Cão Maior, a mais brilhante estrela visível.

Por que teria o Universo se disposto de forma que o olhar humano, a partir da Terra, visse o céu com três estrelas apontando a mais brilhante? Seria puro acaso?

Pode ser. Mas, ainda que mero acaso, a construção literal sobre a construção literária permite, à criatividade, uma esperança. Essa esperança é a renovação.

- Ora, mas isso não é uma loucura irrealizável - prosseguiu Gasalla, agora empolgado. [...] - Vale a lição do professor Paulo Freire, um dos maiores educadores de todos os tempos. O novo não pode ser acolhido somente porque é novo, tampouco pode ser negado por conta de um critério cronológico. Conforme ensinava esse sábio brasileiro, continua novo o velho que preserva sua validade, que encarna uma tradição e marca sua presença no tempo.

Assim, se admitirmos que continua novo o "velho" que se viabiliza sempre - não o chamaria "velho", mas "antigo" -, devemos também admitir, do que é novo, os perigos do falso novo (na verdade velho), e o verdadeiro novo, sustentável no tempo, sustentável no espaço.

Prof. Dr. José Ernesto Bologna
Graduado e pós-graduado em psicologia e administração de empresas pela PUC/SP (Pontifícia Universidade Católica de São Paulo) e Universidade Mackenzie. É autor, consultor em desenvolvimento humano e organizacional, conferencista nacional e internacional em psicologia do desenvolvimento aplicada à administração e titular da empresa Ethos Desenvolvimento Humano e Organizacional.
(www.ethosdho.com.br)